LA COCINA DEL PERU

paso a paso

PANAMERICANA
EDITORIAL

Editor
Panamericana Editorial Ltda.

Realización editorial
Simpei, SL

Coordinación de producción
Libia Gaviria Salazar

Diseño
Itos Vazquez

Ilustraciones
José Luis Hernanz Hernández

Fotografía
Fernando Ramajo

Selección de recetas, cocina y estilismo
Itos Vazquez

Revisión de estilo
Pilar Casado

Introducción
Victoria Puerta

Primera edición, Editorial Voluntad S.A., 1995
Primera edición en Panamericana Editorial Ltda., octubre de 1999
Segunda reimpresión, enero de 2003

© De la compilación, Itos Vazquez
© Panamericana Editorial Ltda.
Calle 12 No. 34-20, Tels.: 3603077 - 2770100
Fax: (57 1) 2373805
Correo electrónico: panaedit@panamericanaeditorial.com
www.panamericanaeditorial.com
Bogotá, D. C., Colombia

ISBN volumen: 958-30-0594-0
ISBN colección: 958-30-0591-6

Impreso por Panamericana Formas e Impresos S. A.
Calle 65 No. 95-28, Tels.: 4302110 - 4300355, Fax: (57 1) 2763008
Quien sólo actúa como impresor.

Impreso en Colombia   Printed in Colombia

LA COCINA DEL PERU

paso a paso

— CONTENIDO —

PRÓLOGO

YOLANDA VACCARO

Yolanda Vaccaro es periodista y gran aficionada a la cocina y la gastronomía. Ha ocupado cargos de responsabilidad en el Fondo de Promoción Turística del Perú y en la actualidad es corresponsal del diario "El comercio" de Perú.

Los peruanos emigran y son capaces de adaptarse a cualquier región del ámbito iberoamericano. Pero, si hay algo a lo que difícilmente se acostumbran, es a la comida de otros países. La gastronomía, atractivo primordial del Perú, es una de las pocas piezas básicas de identidad común de los peruanos. El cebiche, la papa rellena, el ají de gallina, la pachamanca, son siempre añorados.

La elaborada preparación y exquisita selección de los ingredientes constituyen los elementos del éxito de un arte culinario fruto del más inverosímil mestizaje. "La flor de la Canela", casi un himno peruano, tenía que referirse a una de las especies de origen asiático más utilizadas en la repostería nacional "El arroz chaufa", variante del arroz tres delicias, es uno de los sabrosos platos del "chifa" (comida china). La riqueza y la fuerza de la materia prima, producto de las inaprehensibles morfologías de costa, sierra y selva, conjugadas con aportes europeos, africanos y asiáticos, dan por resultado los potajes criollos por excelencia del continente americano.

Los diversos grupos humanos, con personalidades distintas, se han influenciado mutuamente, de forma que es imposible reconocer de qué continentes provienen determinados ingredientes, que hoy se consideran autóctonos.

La exportación de alimentos fue también ingente, como por ejemplo la papa, tubérculo que, en el siglo XVIII, se conoce en Europa como alimento despreciable. La variedad de papas, amarillas, blancas, serranas, confiere el gusto característico de cada comida. "Ají de gallina", "papa rellena" y "cau cau limeños", "ocopa arequipeña" y "papa a la huancaínca", son muestras de ello.

Un plato varía de región a región, la "causa a la limeña", especialmente ligera, poco tiene que ver con la "causa norteña", con el inconfundible sello barroco de trujillanos y chiclayanos. "El arroz zambito", de chancaca y nueces, difiere sustancialmente del "arroz con leche", de esencia foránea pero con el particular toque de la fina sazón limeña".

Los selváticos dicen que todo lo que camina, vuela o se mueve, se come. Monos, tortugas, guacamayos, sajinos, jabalíes y suches (pescados de río) forman parte de la mesa amazónica.

En la costa, el gusto es más remilgado, y en la sierra, la cocina es suculenta, habida cuenta del frío que se cierne en la Cordillera de los Andes.

El "suspiro a la limeña", con manjar blanco salpicado de canela, es emblema de la capital, mientras que los "picarones" o buñuelos, bañados en miel, destacan en Arequipa.

Los serranos, desde tiempos inmemoriales, secan al sol la carne de llamas, vicuñas y alpacas, y más tarde la de vacuno, de lo que se consigue el charqui. Quinua, kiwicha, chochoca, chuño, cecina y mate de coca, son los alimentos que han permitido al hombre andino mantenerse por encima de los cuatro mil metros de altitud.

Si los europeos comen pan, los peruanos, costeños y serranos, acompañan casi todas sus comidas con arroz. Los últimos se inclinan por el maíz, en forma de cancha o mote.

El chifle o plátano frito y los juanes, de arroz, de huevos o de paiche con yuca, son infaltables en la Amazonía. Coinciden todos en la predilección por la yuca y el camote como guarnición.

El maíz, dependiendo de su especie, es el cimiento de tamales, humitas, pastel de choclo, y un largo etcétera. También se pueden preparar, del maíz morado, mazamorra y chicha, el refresco que se bebe desde la época de los Incas.

Cosa poco conocida es que el ají forma parte de la auténtica tradición peruana, desde tiempos del mítico Ayar Uchu. Las variedades son innumerables. Desde el ají limo de la costa, pasando por el amauchu, rocoto, shishín, pucuna-uchu, charapillo-uchu, hasta el ají dulce de la selva, cada especie desprende un gusto propio.

Se dice que los extranjeros no deben saber a priori qué es lo que comen cuando prueban cebiche, pachamanca o anticuchos. El primero, pescado cocinado con jugo de limón y ají verde, provoca muchos reparos en el visitante, quien, luego de la correspondiente degustación, entiende por qué éste es el banquete por antonomasia de la costa, cuyo litoral marítimo, gracias a la corriente de agua fría de Humboldt, ofrece sabrosas e innumerables especies comestibles. Corvina, cojinova, choros, conchas, ostras, camarones y langostas son parte de la comida popular e indispensable para el cebiche mixto y el "chupe de camarones".

Algo parecido cabe decir de la "pachamanca", carne y tubérculos enterrados y cocinados al calor telúrico. No por casualidad un episodio divertido, según el decir popular, es "una verdadera pachamanca". Y ni qué decir de los "antichuchos", brochetas de corazón de vaca, que, con aderezo picante, constituyen un verdadero manjar.

Hablando de dichos nacionales, tenemos que el buen comer inunda el sentimiento. Al ser querido se le llama "mi causita" o "mi camotito". "¿Cuál es tu cau cau?" es la expresión que inquiere sobre las verdaderas pretensiones.

La imaginación ha dado incomparables rendimientos. En repostería, el turrón de Doña Pepa, según la leyenda, es producto del sueño de la esclava negra de un conde, en épocas coloniales. Las "manos morenas" de las peruanas son prodigiosas en la sazón exacta de las recetas típicas, saber que, sin egoísmo, ha sido transmitido desde remotas generaciones.

El pisco es el licor peruano más internacional. Aunque Chile ha patentado la marca como suya, lo cierto es que el nombre del aguardiente blanco de uva proviene de la Bahía de Pisco, Ica, donde desembarcara el Libertador José de San Martín.

En las imágenes, que permiten apreciar la presentación apetitosa y cuidada que adorna la exquisita gastronomía peruana, estriba la originalidad y la gran virtud de este libro, pionero en su género, que exhibe una asombrosa y completa recopilación de los deliciosos potajes regionales y nacionales del Perú.

YOLANDA VACCARO ALEXANDER

INTRODUCCION

El árbol de la canela asombró al narrador Herrera, como las batallas de las amazonas a Gaspar de Carvajal. Sorprendían sus frutos, ramas y cortezas, con su embriagante y dulzón aroma. Deslumbrados, se movían los conquistadores por entre los claroscuros de un mundo de flores que colgaban caprichosas, de hombres que basaban su sistema de vida en una obediencia ciega al Rey (El hijo del Sol). Una realidad, o más bien una fábula que no sabían explicarse.

Cieza de León nos dejó un magnífico inventario del reino del Perú. En sus crónicas relata que el imperio del Inca se extiende por más de setecientas leguas de norte a sur y más de cincuenta de levante a poniente. "Y hácense unos ríos y valles muy lindos y hermosos; y algunos son tan anchos que tienen dos y tres leguas, adonde se ven gran cantidad de algarrobos", escribía, además de anotar el cuidado y colorido, presente en las regaladas mesas del Emperador, en una tierra que sin ser maltratada por el hierro producía exquisitos manjares.

En su Historia Natural y Moral de las Indias, Acosta señala la existencia de ajíes muy picantes, usados para guisar, y los dulces para comer a bocados. Explica entusiasmado que, con moderación, ayudan al estómago para la digestión. En su sorprendido recorrido, las golosinas, bizcochos, pasteles de maíz o "melindres" ocupan un lugar destacado.

La suprema diosa de la agricultura, Pachamama, oficiaba todas las ceremonias consignadas, exageradas, distorsionadas o

elevadas al terreno de la fantasía, y descritas por los cronistas a su rey occidental. El recuerdo de estos densos y apartados parajes, donde los hombres recogían maíz, papa y ají, y las mujeres adornaban sus cabellos con las flores del tintín, rezuma con todos los sabores, texturas y creaciones de una cultura que aplicaba elaboradas técnicas en la agricultura, la ingeniería y la arquitectura; las artes culinarias tenían, por supuesto, su espacio y sentido. Los tiempos de la siembra y recogida, los sortilegios de la luna y la fuerza del sol estaban marcados por fiestas y ceremonias, en las que las diferentes chichas y alimentos sagrados rendían homenaje a las supremas deidades.

El cronista Múrua, menos impresionado por la majestuosidad de valles y ríos, se entrega a la descripción del carácter de los incas, y mientras Cieza de León deja constancia del juicio de sus gobernantes, Acosta asegura que algunas tribus "son en extremo gente viciosa, ociosa y de poco trabajo, en tanto que otros suelen comer con gran aparato de música, y beber en vasijas de barro y se dejan atender por señoras muy hermosas y cuatrocientos pajes".

Aún más perplejidad y admiración produjo entre los extranjeros las formas de pescar, el proceso para deshidratar la papa y el sistema de postas que permitía distribuir la información y las leyes de una forma efectiva y rápida. El camino del Inca arrancaba desde Pasto y llegaba hasta Argentina y Chile. Tenía dos vías principales: Una iba por la Sierra y la otra por la Cos-

donde se vivía bajo el amparo o la furia del mar y sus frutos.

El Perú virreinal no puede dejar de someterse al influjo de los ingredientes. A la mazamorra de maíz morado se le agregan los frutos traídos del Viejo Continente. La carne del cabrito y el cerdo, el aceite de oliva y el trigo, la pimienta y el arte del frito, enriquecen las técnicas culinarias. Ya no sólo se preparan los alimentos en hornos de tierra o hervidos, sino que también se fríen, y además de las chichas para marinar los pescados, se utiliza el limón africano y el vinagre.

ta y estaban unidas transversalmente en diferentes lugares. A lo largo de este camino el Inca tenía montadas una serie de postas que funcionaban como correo, y le permitía, además, recibir pescado fresco de la costa.

A veces no se encontraba la palabra justa para describir ese paisaje compuesto por cincuenta montañas de gran altura, 1.679 glaciares, 12.000 lagos, 262 cuencas hidrográficas, una costa desértica, largas extensiones de selva y bosque tropical. En sus diferentes pisos térmicos y variedad de microclimas, el hombre precolombino encontró un espacio ideal para cultivar la gran variedad de papas, ají, maíz, boniato o batata y paltas o aguacates. En la altura fría y extraña de los Andes, el Inca inventó un cosmos alimenticio, diferente al de las tierras bajas de la Costa,

Aunque son pocas las recetas precolombinas que han sobrevivido, la tradición oral ha logrado rescatar algunas maneras de preparar los pescados, las mazamorras, los dulces y la carne del cuye. Toda-

vía, como en los antiguos tiempos, se cocina el pescado envuelto en hojas de bijao, marinado en chicha o hervido con papas.

De esa nueva fusión es el potaje en el que "se reúnen dos imperios". La Causa limeña o "la que da vida", es un puré preparado con camarones, choclos, quesillos, huevo, papa amarilla y aceite de oliva.

Detrás de casi todos los viejos y nuevos platos se encuentra la mágica presencia del tubérculo por excelencia de la cultura peruana: la papa. Parece increíble que existan alrededor de 1400 variedades y una preciosa cadena de leyendas en torno a su cultivo, penetración en Europa y utilización cotidiana. Para los incas, la papa fue el regalo del Dios Sol al seno de la olorosa tierra. Cuando llegó a Europa se la considero en principio tan solo "una rareza botánica" y después la causante de la peste, la malaria y la lepra en algunos lugares; la emisaria del diablo en Rusia, porque de ella se aprendió a extraer el vodka, y el pan de los pobres en Francia, pues con ella se calmó la hambruna de 1789.

En Francia se la acogió enteramente, de tal manera que el farmacéutico Parmentier creó toda una escuela con este tubérculo, al punto de que en la actualidad cualquier plato con papa se denomina Parmentier. Es el mejor regalo que Perú le hizo al mundo, y constituye la base de la dieta campesina; con queso o ají, asada o en puré, molida con camarones, maní y especias o aceite de oliva, en pasteles o hervida con sal sencillamente, permanece en las mesas más humildes o en los restaurantes más refinados.

A medida que avanza el proceso colonizador se transforman las maneras de alabar al Dios Sol con bailes y ofrendas. Los dioses cristianos reemplazan, en apariencia, al Dios Kon, a Pachamama, a los que han protegido al indio de las plagas y el hambre. El culto a San Juan Bautista, que pretendió desplazar la Fiesta del Sol, se vive alocadamente con baños de purificación al pie de los rituales de amor y convites de juanes o tamales, envueltos en hoja de bijao y acompañados con caldo de gallina, plátanos sancochados y chichas de jora, tuca y jugo de caña con frutos macerados en aguardiente. La noche de San Juan, es una de las más exóticas demostraciones de la fusión de dos mundos.

Todo lo contrario, la fiesta campesina de marzo y abril donde se hace la Pachamanca –vocablo quechua cuyo significado es lugar donde la tierra se convierte o toma la forma de olla– es una liturgia con cla-

ros orígenes prehispáni-
cos. Hacer Pachamanca
significa jugar en el río,
adorar la tierra, cubrir el
espacio sideral con los va-
pores de la madera, la carne, las papas y las humitas.
La fiesta comienza con el
corte de las carnes. La primera noche se hace una
especie de velación, pues
todo el tiempo hay que
darle vueltas. Al amanecer
las carnes están blandas e
impregnadas de los aliños y
la alegría de los viandantes.
Al día siguiente los hom-
bres construyen el horno
en la tierra y las mujeres
recogen la marmakilla,
hierba que perfuma la olla,
y preparan las humitas o
bollos de maíz. La chicha
rueda generosa. Las que-
nas y el canto campesino
acompañan la segunda par-
te de la Pachamanca. Una
vez hecho el horno en la
tierra, siguiendo precisas y
ancestrales instrucciones,
se caldea con leña de reta-
ma seca, ramas de eucalip-
to y arbustos de chiche.
Las piedras, escogidas con
anterioridad, arden hasta
que pasen del rojo al blanco, momento en que se re-
tiran, se limpia el hoyo y
nuevamente se colocan de
mayor a menor, formando
pisos con hojas de maíz o
pencas. En el primer es-
tán las yucas y papas y en

los posteriores, la carne, las humitas, las habas y arvejas. Al final, en su orden, se corona con hojas de marmakilla, costales y tierra... La parte cristiana, una cruz de madera para que los malos espíritus no estropeen la Pachamanca.

A lo largo y ancho de la geografía peruana, de Tumbes a Tacna, se cumplen alucinantes rituales en torno a la comida. En las tiendas de pueblo es un verdadero privilegio la degustación de dulces y postres hechos a la manera de los antiguos moradores y las mestizas abuelas. La mazamorra tostada, aderezada con trozos de piña, membrillo, manzanas, guindas, clavos de oriente y harina de camote, tiene su igual en la mazamorra morada, en los rocotos o pimientos rellenos, en el pan dulce y los picarones. Caminar por las provincias del

Perú es un placer que inevitablemente está condimentado por la gran variedad de comidas y sus respectivas presentaciones, de inventos orales que acompañan cada plato. En realidad no sabemos si cada fiesta es una excusa para comer, o cada comida un pretexto para celebrar.

Ajo, maíz y recuerdos, cominos, orégano y camote, una copita de moscatel para rematar un banquete de adobo o chancho, un tiempo para recorrer las páginas de un libro oloroso, sabroso, donde se han querido dejar los perfumes del cabrito, del cebiche, la presencia de los "melindres" –sin que falte ninguno–, el oloroso chocolate que las abuelas servían en jícaras de plata. En fin, la delirante y fantástica cosmogonía de una carta gastronómica que lo tiene todo.

SALSAS
Y
BEBIDAS

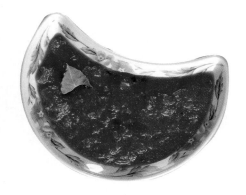

Salsa de tomate para pastas

Ingredientes para 3 tazas:

4 cucharadas de aceite • 1 lb de cebolla picada • 2 dientes de ajo picados •2 lb de tomates pelados y sin semillas • 2 cucharadas de pasta de tomate • 1/2 taza de vino blanco seco • 1 taza de caldo de carne concentrado • 1 hoja de laurel • Una pizca de orégano • 1 cucharadita de azúcar • Sal • Pimienta

Calentar el aceite en una sartén grande al fuego y rehogar las cebollas y los ajos. Añadir todos los ingredientes restantes, sazonar con sal y pimienta y cocinar, revolviendo de vez en cuando, durante 15 ó 20 minutos. Servir caliente con cualquier tipo de pasta.

Salsa huancaína con naranja agria

Ingredientes para 4 tazas:

1 lb de queso fresco, desmenuzado• 2 cucharadas de aceite • 1 cebolla mediana, finamente picada • 1 lata de leche evaporada • Ají, molido sin semillas, al gusto • 2 yemas de huevo duro, trituradas • El jugo de 1 naranja • El jugo de 1 limón

Calentar el aceite y rehogar la cebolla. Mezclar el queso con la leche hasta formar una crema espesa. Poner en un recipiente la cebolla junto con la crema de queso. Añadir el ají y las yemas y ligar todo junto con los jugos de naranja y limón. Servir fría con pescados y aves.

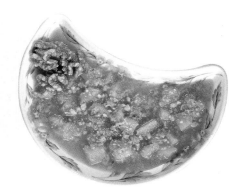

Salsa de piña

Ingredientes para 2 1/2 tazas:

2 1/2 tazas de piña cortada en trocitos • 1 cucharadita de jugo de limón • 1/2 taza de azúcar • Nueces picadas al gusto

Poner la piña en una olla con el jugo de limón y el azúcar, tapar y cocinar a fuego bajo durante 12 minutos. Dejar enfriar, agregar las nueces y servir con carne de cerdo, caza o pavo asado.

Sillao agridulce

Ingredientes para 4 tazas:

1/2 taza de vinagre • 1/2 taza de agua 1/4 taza de salsa de soya (sillao) • 1/2 taza de azúcar • 1/4 taza del jugo de la piña • 1/4 taza de salsa de tomate • 1 taza de pimentones (pimientos) rojos, sin semillas y finamente picados • 1 cucharada de fécula de maíz • 1 taza de piña, cortada en trocitos • Sal

Poner en una olla el vinagre, el agua, la salsa de soya, el azúcar, el jugo de piña, la salsa de tomate y los pimentones y cocinar a fuego bajo durante unos minutos. Añadir la fécula de maíz disuelta en un poquito de agua y cocinar hasta que la salsa espese. Agregar la piña cortada en trocitos, rectificar la sazón y servir con papas, pescados o carne de cerdo.

Salsa de nueces

Ingredientes para 1 1/2 tazas:
2 yemas de huevo cocido • 1 yema de huevo cruda • 1 cucharada de mostaza • Jugo de limón, al gusto • 1 taza de aceite • 2 cucharadas de nueces picadas • Sal • Pimienta

Pasar por un colador las yemas duras y mezclar con la yema cruda. Sazonar con sal y pimienta al gusto, incorporar la cucharada de mostaza y el jugo de limón, y añadir el aceite, poco a poco, sin dejar de revolver con una cuchara de madera.

Cuando la salsa esté bien ligada, agregar las nueces picadas, revolver para mezclar bien y servir con carne de cerdo.

Salsa de cacahuetes

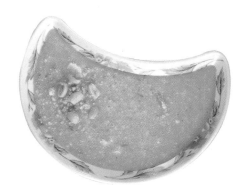

Ingredientes para 1 taza:
12 ajíes (guindillas) frescos • Una pizca de azúcar • Un chorrito de aceite • 10 g de maní (cacahuetes) tostado • 200 g de queso fresco desmenuzado • 4 cucharadas de leche evaporada • Sal • Pimienta

Limpiar los ajíes y cocinarlos en agua con un poco de azúcar para quitar el exceso de picante. Escurrir y pasar por la licuadora con los ingredientes restantes. Salpimentar y servir sobre papas o yucas. También resulta deliciosa con aves y carne de ternera.

Salsa verde

Ingredientes para 1 taza:
1 taza de mayonesa • 3 cucharadas de espinacas cocinadas y hechas puré • 1 cucharadita de estragón y perejil, picados

Poner en una salsera la mayonesa, añadir las espinacas y mezclar bien hasta que resulte una salsa homogénea. Agregar el estragón y el perejil, y servir con toda clase de pescados.

Salsa de perejil

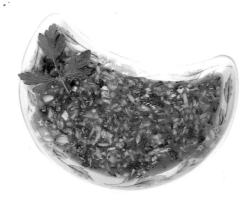

Ingredientes para 1 taza:
1/2 taza de perejil • 1 cebolla finamente picada • 1 cucharadita de orégano picado • Vinagre al gusto • 1 tomate pelado y tamizado • Sal • Pimienta

Lavar bien el perejil y picar muy finamente hasta conseguir una pasta. Poner en un recipiente la cebolla, el orégano, y sal y pimienta al gusto y cubrir con vinagre.

Dejar macerar, escurrir parte del vinagre y añadir la pasta de perejil previamente preparada. Incorporar el tomate y mezclar todo bien.

Esta salsa resulta excelente acompañando platos de pescado.

Licor de cacao

Ingredientes para 2 litros:

150 g de cacao • 1 l de pisco • 1 cucharadita de vainilla • 3 lb de azúcar • 1 l de agua

Tostar el cacao ligeramente en el horno, a temperatura muy baja, moler y macerar con el pisco y la vainilla durante 10 días. Agitar el botellón diariamente.

Transcurrido el tiempo de maceración indicado, filtrar y añadir el almíbar preparado disolviendo el azúcar en el agua. Volver a filtrar y embotellar.

Licor de albaricoque

Ingredientes para 1 litro:

1/2 lb de albaricoques secos • 2 cáscaras de naranja, picadas • 1 lb de azúcar • 1 l de pisco puro

Poner todos los ingredientes en un recipiente y dejar en maceración durante 15 días. Agitar bien el recipiente diariamente. Filtrar antes de servir.

De izquierda a derecha: Licor de cacao; Licor de albaricoque; Al alba y Licor de café.

Al alba

Ingredientes para 1 persona:

1 medida de crema de menta blanca • 1 medida de pisco • 1 medida de jugo de limón • 1 cucharadita de licor de fresas

Verter la crema de menta, el pisco y el jugo de limón en la coctelera, con hielo. Agitar bien y colar sobre copas de cóctel. Rociar lentamente con el licor de fresas.

Licor de café

Ingredientes para 2 1/2 litros:

50 g de café molido grueso • 2 l de aguardiente o pisco • 70 g de azúcar • 1/2 l de agua

Poner el aguardiente y el café en un botellón y dejar macerar 10 días. Colar con tela y agregar el azúcar disuelta en el agua. Dejar reposar 2 días más y filtrar de nuevo.

Pisco Sour

Ingredientes para 15 personas:

3 botellas de pisco • 1 botella de jarabe • Jugo de limón (la misma cantidad que de jarabe) • 8 claras de huevo • Angostura

Poner todos los ingredientes en la licuadora y licuar con hielo picado para que tome cuerpo. Servir con unas gotas de angostura.

Cristal limeño

Ingredientes para 6-8 personas:

1 botella de cerveza helada • 1 botella de cerveza negra helada • 1 vaso de pisco helado • 1 tarro de leche condensada

Licuar los ingredientes e incorporar la leche condensada, poco a poco, sobre el vaso de la licuadora. Introducir en el refrigerador durante 4 ó 5 horas. Antes de servir, volver a licuar. Servir espolvoreado con canela.

De izquierda a derecha: Pisco Sour; Cristal limeño; Sol y sombra y Chilcán de pisco.

Sol y sombra

Ingredientes para 1 persona:

2 medidas de pisco • 1 medida de guinda • 1/4 medida de jugo de limón • Gaseosa de limón • Hielo

Verter en un vaso largo, sobre el hielo, todos los licores y a continuación el jugo de limón. Agregar la gaseosa de limón y servir.

Chilcán de pisco

Ingredientes para 1 persona:

2 medidas de pisco • 5 gotas de amargo de angostura • 5 gotas de jugo de limón • Gaseosa de limón • Hielo

Verter en un vaso 4 ó 5 cubitos de hielo. Sobre ellos, verter los licores y el jugo de limón y terminar de llenar con la gaseosa.

RECETAS
PASO A PASO

Sopa de arroz con hígados de pollo

Ingredientes para 6 personas:

2 tomates

1 cucharada de mantequilla

1 ramita de apio, sin hojas

1 cucharada de perejil fresco, picado

50 g de tocineta (tocino) picada

8 higaditos de pollo

1 taza de arroz

8 tazas de caldo de pollo

Sal y pimienta

1 cucharada de queso parmesano rallado

Pelar los tomates y picarlos finamente. Picar también finamente la ramita de apio.

A continuación, calentar la mantequilla en una olla y rehogar el apio, el perejil y la tocineta. Cuando la tocineta empiece a dorarse, incorporar los tomates y rehogar durante 5 minutos.

Mientras tanto, limpiar bien los higaditos, y trocearlos. Seguidamente, incorporarlos al sofrito, darles unas vueltas y añadir el arroz. Mezclar todo bien y rociar con el caldo de pollo. Sazonar con sal y pimienta y cocinar hasta que el arroz esté en su punto. Servir con el queso aparte.

1. Pelar y picar los tomates.

2. Rehogar el apio con el perejil y la tocineta. Añadir el tomate.

3. Agregar los higaditos y el arroz.

4. Incorporar el caldo, sazonar y cocinar.

Chupe de almejas

Ingredientes para 6 personas:

3 cucharadas de mantequilla
1 cebolla grande finamente picada
4 papas medianas, cortadas en trocitos
8 tazas de leche
2 cucharadas de azúcar
2 cucharadas de harina de trigo
2 cucharadas de salsa inglesa
1 cucharadita de paprika
Sal de apio
4 docenas de almejas, cocidas y picadas
Sal y pimienta

Calentar 2 cucharadas de mantequilla en una olla al fuego, y rehogar la cebolla hasta que esté transparente. Añadir las papas, cubrir con agua y cocinar hasta que estén tiernas.

Mientras tanto, calentar la leche en otro recipiente, agregar el azúcar y la harina, diluida en un poquito de leche fría, y cuando esté bien caliente y el azúcar disuelta incorporar a la olla con las papas. Cocinar todo junto sin dejar de revolver, hasta que espese.

Por último, calentar en otra olla la mantequilla restante, añadir la salsa inglesa, la paprika, y sazonar con sal de apio, sal y pimienta. Mezclar bien e incorporar las almejas picadas con su jugo. Revolver y verter todo sobre el preparado anterior. Mezclar bien y servir caliente.

1. Rehogar la cebolla y añadir las papas.

2. Cubrir con agua y cocinar hasta que estén tiernas.

3. Mezclar la leche junto con el azúcar y la harina e incorporar esta mezcla a la olla.

4. Calentar la mantequilla, añadir todos los ingredientes restantes y mezclar con el chupe.

— Sopa de palta —

Ingredientes para 4 personas:

2 cucharadas de margarina
1 cebolla picada
1 cucharada de harina de trigo
2 tazas de agua
1/2 taza de apio picado
1 hoja de laurel
2 aguacates (paltas) pequeños o 1 grande
1 taza de leche
Pimienta
Sal

Calentar la margarina en una olla al fuego y rehogar la cebolla hasta que esté transparente. Añadir la harina y rehogar ligeramente.

A continuación, agregar el agua, revolver bien e incorporar, el apio y el laurel. Sazonar con sal y pimienta, tapar la olla y cocinar a fuego bajo hasta que el apio esté tierno.

Mientras tanto, cortar los aguacates, pelarlos, desechar el hueso y hacerlos puré con un tenedor.

Seguidamente, incorporar el puré de aguacate a la olla. Añadir la leche, rectificar la sazón y cocinar todo junto durante 5 minutos. Servir bien caliente.

1. Rehogar la cebolla, agregar la harina y rehogar ligeramente.

2. Añadir el agua, mezclar bien, incorporar el apio y cocinar.

3. Pelar los aguacates, desechar los huesos y hacerlos puré.

4. Incorporar el puré a la olla, añadir la leche y cocinar.

— Crema de coliflor —

Ingredientes para 6 personas:

1 coliflor de 1 lb aproximadamente
3 cucharadas de aceite
1 cebolla mediana, picada
2 cucharadas de fécula de maíz (maicena)
1 taza de leche evaporada
1 cucharadita de perejil fresco, finamente picado
Sal y pimienta

Lavar bien la coliflor, ponerla en una olla al fuego, cubrir con agua, salar y cocinar hasta que esté tierna.

A continuación, escurrir bien la coliflor y cortar en trocitos, reservando unos ramitos pequeños para decorar. Seguidamente, calentar el aceite en una sartén al fuego y rehogar la cebolla hasta que esté transparente. Incorporar la coliflor y rehogar ligeramente. Pasar todo a la licuadora y moler hasta que se forme un puré.

Por último, verter el puré obtenido en una olla, agregar la fécula de maíz disuelta en la leche, añadir 4 ó 5 tazas de agua, sazonar con sal y pimienta y cocinar todo junto durante 10 minutos. Servir decorada con los ramitos de coliflor reservados y salpicada con perejil.

1. Lavar la coliflor y cocinarla con agua y sal hasta que esté tierna.

2. Escurrir la coliflor y cortarla en trocitos. Reservar unos ramitos.

3. Rehogar la cebolla y la coliflor y hacerlas puré en la licuadora.

4. Poner el puré en una olla, agregar la fécula con leche, y cocinar.

— Crema de verduras —

Ingredientes para 6 personas:

1/2 lb de papas peladas y cortadas en cubitos
1/2 lb de zanahorias limpias y cortadas en cubitos
1/2 lb de arvejas
1 cucharadita de extracto de carne o 1 pastilla de caldo
80 g de fideos de cabello de ángel
Sal y pimienta

Poner en una olla las papas y las zanahorias junto con las arvejas y cubrir con 1 1/2 litros de agua. Salar y cocinar hasta que estén tiernas.

A continuación, poner todo en la licuadora y moler. Verter el puré obtenido en una olla y añadir el extracto de carne. Seguidamente, incorporar los fideos, sazonar con sal y pimienta y cocinar hasta que los fideos estén en su punto. Servir bien caliente.

1. Limpiar las verduras y cocinar en agua con sal.

2. Poner en la licuadora, hacer un puré y verter en la olla.

3. Añadir el extracto de carne y revolver bien.

4. Incorporar los fideos y cocinar hasta que estén tiernos.

— Arroz con carne —

Ingredientes para 6 personas:

2 cucharadas de aceite
1 cebolla picada
1 diente de ajo picado
1 tomate picado
1 lb de carne de ternera cortada en cubitos
3/4 cucharadita de color (pimentón)
1/2 taza de arvejas
1 hoja de laurel
2 tazas de arroz lavado
1 pimentón (pimiento morrón) rojo cortado en tiritas
Sal

Poner el aceite en una sartén y rehogar la cebolla y el ajo. Cuando la cebolla esté transparente, añadir el tomate y cocinar hasta que todo esté bien frito.

Pasar todo a un recipiente más hondo, agregar la carne y freírla ligeramente. Incorporar el color, revolver y rociar con 1 taza de agua. Añadir las arvejas, tapar y cocinar a fuego bajo hasta que la carne esté tierna.

Por último, agregar el laurel, el arroz y 3 tazas de agua. Sazonar, incorporar el pimentón y cocinar hasta que el arroz esté en su punto.

1. Calentar el aceite en una sartén, sofreír la cebolla y el ajo, añadir el tomate y cocinar.

2. Verter en un recipiente más hondo, rehogar la carne, añadir el color y 1 taza de agua y revolver.

3. Cocinar hasta que la carne esté tierna, y agregar las arvejas.

4. Incorporar el laurel, agua y arroz y terminar de cocinar.

— Arroz con calamares —

Ingredientes para 8 personas:

1 1/2 lb de calamares pequeñitos
4 cucharadas de aceite
1 cebolla picada
2 dientes de ajo picados (molidos)
1/2 lb de arvejas
1 pimentón (ají) verde cortado en tiras
1 cucharada de cilantro (culantro) picado
3 tazas de arroz
Sal y pimienta negra

Limpiar los calamares, reservando las tintas y cortarlos en ruedas. Calentar el aceite en una olla al fuego y saltear a fuego vivo durante 2 ó 3 minutos los calamares. Retirar y reservar.

A continuación, en el mismo aceite de los calamares, rehogar la cebolla y los ajos. Cuando la cebolla esté transparente, añadir la tinta reservada, disuelta en un poquito de agua. Incorporar las arvejas, el pimentón y el cilantro y rehogar unos minutos.

Seguidamente, agregar 6 tazas de agua y cuando comience a hervir, añadir el arroz.

Sazonar con sal y pimienta y cocinar hasta que el arroz esté casi en su punto.

Por último, incorporar los calamares, mezclar todo bien, terminar de cocinar y servir.

1. Calentar el aceite y saltear los calamares una vez limpios y cortados en ruedas. Reservar.

2. En el mismo aceite, rehogar la cebolla y los ajos. Agregar la tinta diluida en agua.

3. Incorporar las arvejas, el pimentón y el cilantro y rehogar unos minutos.

4. Añadir agua y cuando rompa a hervir, agregar el arroz y cocinar hasta que esté en su punto.

— Arroz chaufa —

Ingredientes para 4 personas:

1 taza de arroz
2 huevos batidos
1/2 lb de cerdo (chancho) asado, en cubitos
Un chorrito de salsa de soya (sillao)
2 cebollitas largas o japonesas (cebollitas chinas), picadas
Sal

Lavar bien el arroz y poner en una olla. Añadir 1 1/2 tazas de agua y cocinar hasta que el agua se consuma. Retirar del fuego y dejar reposar hasta que el arroz esté en su punto. Mientras tanto, cocinar los huevos en una sartén al fuego, hasta que estén cuajados, pasar a un plato y cortarlos en trocitos.

A continuación, poner en una sartén grande el arroz, los huevos y el cerdo. Rociar con un poquito de salsa de soya y revolver.
Por último, añadir las cebollitas finamente picadas, salar y cocinar todo junto unos minutos, revolviendo. Servir con un platito con salsa soya para cada comensal.

1 Lavar bien el arroz y cocinar hasta que esté en su punto.

2. Cuajar los huevos en una sartén y cortarlos en trocitos.

3. Mezclar el arroz con los huevos y el cerdo, rociar con salsa de soya y mezclar.

4. Incorporar las cebollas finamente picadas y revolver todo bien antes de servir.

— Macedonia de verduras —

Ingredientes para 6 personas:

3 papas medianas
3 zanahorias
3 remolachas (beterragas)
1 taza de arvejas cocidas
1 taza de mayonesa
3 hojas de cola de pescado (colapiz)
2 cucharadas de vinagre
2 huevos duros
Unas hojas de lechuga
Sal

Pelar las papas, cortar en cubitos y cocinar en agua con sal. Limpiar las zanahorias, cortarlas y cocinar en otro recipiente. Cocinar las remolachas enteras y sin pelar.

A continuación, poner en un recipiente grande las papas y zanahorias cocinadas y escurridas. Añadir las remolachas cocinadas, peladas y cortadas en cubitos y las arvejas. Incorporar la mayonesa y mezclar todo bien.

Seguidamente, diluir la cola de pescado, previamente remojada en agua fría, en una ollita pequeña, junto con el vinagre, y cuando esté bien diluida, añadir a la mezcla de verduras.

Por último, una vez todo bien mezclado, verter en un molde de corona e introducir en el refrigerador hasta que esté cuajado.

Servir desmoldado y decorado con la lechuga muy picada y los huevos duros en rebanadas.

2. Juntar en un recipiente las papas, las zanahorias, las remolachas, peladas y cortadas en cubitos, y las arvejas.

3. Incorporar la mayonesa y mezclar bien. Diluir la cola de pescado en el vinagre e incorporar a las verduras.

1. Pelar las papas, cortar en cubitos y cocinar en agua con sal. Cocinar por separado las zanahorias y las remolachas.

4. Revolver todo bien, verter en un molde de corona e introducir en el refrigerador hasta que esté cuajado.

— Papas peruanas —

Ingredientes para 4 personas:

1 1/2 lb de papas
2 huevos
1/2 lb de carne molida (picada) de ternera, frita
100 g de jamón finamente picado
1 tomate hecho puré
150 g de manteca de cerdo (chancho)
Sal

Pelar las papas, cortarlas en trozos y cocinarlas en agua con sal hasta que estén tiernas. Escurrirlas bien y hacerlas puré.

A continuación, añadir al puré los huevos y amasar bien hasta que quede homogéneo.

Seguidamente mezclar en un platón la carne, previamente frita, con el jamón y el puré de tomate.

Poner una cucharada colmada de puré de papa en un plato. Hacer un hueco en el centro, llenar con el preparado de carne, tapar con más puré de papa y moldear con las manos dándoles forma de papas.

Por último, calentar la manteca en una sartén y freír, hasta que estén doradas. Dejar escurrir sobre papel absorbente y servir con ensalada.

1. Cocinar las papas cortadas en trozos, hacerlas puré y mezclar éste con los huevos.

2. En una cucharada de puré hacer un hueco y rellenar con el preparado de carne.

3. Poner un poco más de puré y cerrar dando forma de papa.

4. Freír en manteca hasta que estén bien doradas y escurrir.

— Choclos a la huancaína —

Ingredientes para 6 personas:

6 choclos tiernos, desgranados
Unas gotas de jugo de limón
1 cucharadita de azúcar
1/2 taza de aceite
3 pimentones (ajíes) rojos picados
1 taza de leche
1 taza de queso fresco desmenuzado
Una pizca de pimienta de Cayena (palillo)
Sal y pimienta
3 huevos duros en rodajas
12 aceitunas rellenas
Unas hojas de lechuga

Poner los choclos desgranados en una olla. Cubrir con agua, rociar con el jugo de limón y añadir el azúcar. Cocinar hasta que estén tiernos.

Mientras tanto, calentar el aceite en una sartén y rehogar los pimentones.

A continuación, licuar la leche con el queso para formar un puré y agregarlo a los pimentones rehogados. Sazonar con Cayena, sal y pimienta, y cocinar sin dejar de revolver con una cuchara de madera, hasta que espese.

Por último, poner las hojas de lechuga en una fuente de servir. Verter sobre ellas el maíz cocinado y escurrido. Cubrir con la salsa preparada y decorar con los huevos y las aceitunas.

1. Cocinar el maíz en agua con azúcar y jugo de limón.

2. Calentar el aceite y rehogar los pimentones.

3. Hacer un puré con el queso y la leche, y agregar a los pimentones. Cocinar hasta que espese.

4. Poner sobre la lechuga el maíz escurrido. Sobre él la salsa preparada y decorar con los huevos y las aceitunas.

— Tomates rellenos calientes —

Ingredientes para 6 personas:

6 tomates rojos pero firmes
2 cucharadas de aceite
300 g de carne molida (picada)
1 cebolla pequeña picada
1 cucharadita de ajo molido
2 huevos duros picados
1 cucharada de mantequilla
1 cucharada de harina de trigo
1/2 taza de leche
Nuez moscada al gusto
2 cucharadas de queso parmesano rallado
Sal y pimienta

Cortar la parte superior de los tomates y extraer con cuidado las semillas y parte de la pulpa. Hacer un corte superficial en forma de cruz en la parte inferior y escaldarlos durante un par de minutos.

A continuación, pelarlos con mucho cuidado y dejarlos boca abajo para que escurran bien.

Calentar el aceite en una sartén y dorar la carne. Cuando esté bien suelta, retirarla de la sartén y en la grasa que haya quedado, rehogar la cebolla con el ajo hasta que esté transparente. Incorporar de nuevo la carne y los huevos duros, sazonar con sal y pimienta y cocinar 10 minutos.

Mientras tanto, calentar la mantequilla y sofreír la harina. Agregar la leche, poco a poco, revolviendo, y sazonar con sal, pimienta y nuez moscada.

Por último, colocar los tomates en una fuente refractaria. Rellenarlos con la carne cocinada, cubrir con la salsa preparada, espolvorear con el queso e introducir en el horno, precalentado a 220° C (425° F), durante 10 ó 15 minutos, para que se gratinen.

1. Cortar la parte superior de los tomates y extraer las semillas y parte de la pulpa.

2. Hacer un corte superficial en la parte inferior, escaldarlos y pelarlos.

3. Dorar la carne, retirar, rehogar la cebolla y el ajo e incorporar la carne y los huevos.

4. Llenar los tomates con el relleno preparado.

5. Cubrirlos con la salsa, espolvorear con el queso y gratinar.

— Paltas a la jardinera —

Ingredientes para 6 personas:

1 zanahoria hervida y cortada en cubitos
1/2 taza de habichuelas (vainitas) cocinadas y picadas
1/2 taza de arvejas cocinadas
50 g de pollo cocinado y picado
2 huevos duros picados
100 g de jamón inglés (de York) finamente picado
1 1/2 tazas de mayonesa
3 aguacates (paltas)
El jugo de 1 limón
Sal y pimienta al gusto

Verter en un recipiente la zanahorias, las habichuelas, las arvejas, el pollo, los huevos y el jamón. Añadir la mitad de la mayonesa, mezclar bien y sazonar con sal y pimienta.

A continuación, cortar los aguacates por la mitad, en sentido longitudinal. Extraer los huesos y cocinar los aguacates durante unos minutos en agua hirviendo.

Seguidamente, pelar los aguacates, rociarlos con el jugo de limón para que no se ennegrezcan y rellenar con el preparado anterior.

Por último, colocar los aguacates en una fuente de servir. Cubrir con la mayonesa restante y servir.

1. Mezclar todos los ingredientes, excepto los aguacates, con la mitad de la mayonesa, y reservar.

2. Cortar los aguacates por la mitad en sentido longitudinal, y cocinarlos en agua hirviendo unos minutos.

3. Pelar los aguacates y rellenar con el preparado anterior.

4. Poner en una fuente y cubrir con la mayonesa restante.

— Causa rellena de atún —

Ingredientes para 6 personas:

Para la causa:

1 cebolla picada
1 cucharadita de ají (guindilla) picado
El jugo de 4 limones
3 1/2 lb de papas amarillas
2 cucharadas de aceite
Sal y pimienta

Para el relleno:

1 lata de atún de 1/2 lb
1 cebolla pequeña picada
1 taza de mayonesa
1 aguacate (palta) en lonchas
3 huevos duros en rodajas
10 aceitunas negras
100 g de queso fresco en daditos

Poner en un recipiente la cebolla, el ají y sal y pimienta. Rociar con el jugo de limón y dejar macerar.

A continuación, cocinar las papas en agua con sal. Pelar y hacerlas puré. Agregar la cebolla y el ají macerados con el jugo de limón, y mezclar bien. Incorporar el aceite, poco a poco, revolviendo para que la mezcla quede bien ligada.

Seguidamente, mezclar en un recipiente el atún desmenuzado, la cebolla y la mayonesa, y reservar.

Por último, poner en una fuente honda un tercio del puré de papa. Cubrir con la mitad de la mezcla de atún y extender encima otro tercio de puré. Formar otra capa con el atún restante, colocar las lonchas de aguacate y cubrir con el puré restante. Decorar con los huevos y las aceitunas, poniendo en el centro los daditos de queso e introducir en el refrigerador durante 1 1/2 horas, antes de servir.

1. Mezclar la cebolla con el ají, sal y pimienta, rociar con el jugo de limón y macerar.

2. Cocinar las papas, pelarlas y hacerlas puré. Añadir la cebolla, rociar con el aceite y mezclar bien.

3. Mezclar en otro recipiente el atún desmenuzado junto con la cebolla y la mayonesa.

4. Preparar formando capas de puré, atún, puré, atún, aguacates y terminar con puré.

— Chupe peruano —

Ingredientes para 6 personas:

2 cucharadas de manteca de cerdo
1 diente de ajo
2 cebollas picadas
3 cucharadas de salsa de tomate
200 g de queso de cabra, rallado
200 g de arroz
Ají (guindilla), al gusto
1 l. de leche
1 lb de camarones (gambas) pelados
6 langostinos cocidos
6 trozos de pescado frito (corvina, bagre, ...etc.)
6 huevos duros
6 papas cocinadas
Sal y pimienta

Derretir la manteca en una olla al fuego y rehogar el diente de ajo y las cebollas hasta que estén transparentes. Incorporar la salsa de tomate y revolver.

A continuación, añadir el queso, el arroz y el ají, y freír ligeramente. Rociar con la leche hirviendo, sazonar con sal y pimienta y cocinar 10 minutos. Agregar los camarones, continuar la cocción y cuando el arroz esté casi en su punto, incorporar los langostinos y el pescado.

Por último, servir acompañado con las papas y los huevos.

1. Calentar la manteca en una olla al fuego y rehogar el ajo y las cebollas. Añadir el tomate.

2. Agregar el queso rallado, el arroz y el ají y freír, ligeramente, revolviendo.

3. Incorporar la leche, cocinar durante unos 10 minutos y añadir los camarones.

4. Cuando el arroz esté casi cocinado, agregar el pescado frito y los langostinos.

— Garbanzos con atún —

Ingredientes para 6 personas:

1 lb de garbanzos puestos en remojo el día anterior
2 hojas de laurel
1/2 taza de aceite
1 cebolla grande, picada
1 diente de ajo picado
1 tomate grande, pelado y finamente picado
1 pimentón (pimiento) verde, finamente picado
1 lata de atún
1/2 taza de arroz
Sal y pimienta

Escurrir los garbanzos del agua del remojo. Poner en una olla, cubrir con agua, añadir el laurel, salar y cocinar hasta que los garbanzos estén tiernos. Mientras tanto, calentar el aceite en una sartén y freír la cebolla, el ajo y el tomate, durante 10 minutos.

A continuación, añadir el pimentón picado y rehogar durante 5 minutos. Incorporar el atún, previamente desmenuzado, y mezclar todo bien. Seguidamente, retirar un poco del líquido de los garbanzos cocinados, y añadir el sofrito, mezclar todo bien, incorporar el arroz, sazonar con sal y pimienta al gusto y cocinar hasta que éste esté en su punto. Servir inmediatamente.

1. Cocinar los garbanzos con el laurel hasta que estén tiernos.

2. Sofreír la cebolla, el ajo y el tomate, y añadir el atún.

3. Agregar este sofrito a los garbanzos y revolver bien.

4. Incorporar el arroz, sazonar con sal y pimienta y cocinar.

— Huevos a la campesina —

Ingredientes para 4 personas:

2 cucharadas de aceite
2 dientes de ajo picados
1 cebolla picada
1 lb de carne molida (picada) de ternera
1 tomate picado
Orégano al gusto
Comino al gusto
1/2 taza de caldo
4 huevos
Sal y pimienta
Arroz blanco para acompañar

Calentar el aceite en una sartén al fuego y rehogar los ajos y la cebolla hasta que comiencen a dorarse.

A continuación, incorporar la carne y saltear a fuego vivo hasta que esté bien suelta. Añadir el tomate, sazonar con orégano, comino, sal y pimienta, y freír durante 5 minutos. Seguidamente, cubrir el fondo de una fuente de horno con el preparado de carne y rociar la superficie con el caldo. Hacer cuatro huecos en la superficie con el lado convexo de una cuchara y poner un huevo en cada hueco.

Por último, introducir en el horno, precalentado a 180° C (350° F), hasta que los huevos estén cuajados. Servir con arroz blanco.

1. Rehogar los ajos y la cebolla hasta que comiencen a dorarse.

2. Agregar la carne y saltear hasta que esté bien suelta.

3. Incorporar el tomate, sazonar con orégano, comino, sal y pimienta, y cocinar.

4. Verter en una fuente de horno, hacer cuatro huecos sobre la carne, poner los huevos y hornear hasta que cuajen.

— Chupe de choros —

Ingredientes para 4 personas:

3 docenas de mejillones (choros)

4 cucharadas de aceite

2 dientes de ajo picados

1 cebolla mediana finamente picada

1 pimentón (ají) rojo seco, sin semillas (pipas), molido

3/4 taza de tomates, pelados y muy picados

1 cucharadita de orégano

3 papas cortadas en trozos

1/2 lb de fideos

4 huevos

1/2 lb de queso fresco desmenuzado

1 tacita de leche evaporada

Sal y pimienta

Lavar los mejillones, rasparlos bien y poner en una olla grande. Añadir 2 tazas de agua y cocinar hasta que se abran. Colar y reservar por separado los mejillones y el caldo.

A continuación, calentar el aceite en una olla y rehogar los ajos y la cebolla hasta que estén transparentes. Añadir el pimentón molido, el tomate y el orégano. Sazonar con sal y pimienta y cocinar durante unos minutos. Incorporar el caldo reservado y, cuando comience a hervir, agregar las papas. Cocinar unos minutos, añadir los fideos y cocinar hasta que las papas estén tiernas.

Por último, añadir los huevos y el queso y, cuando los huevos estén escalfados, agregar los mejillones, sin concha, reservando algunos para la decoración. Apartar del fuego, añadir la leche, revolver con cuidado para que no se rompan los huevos, y servir.

1. Lavar y raspar los mejillones, y cocinar hasta que se abran. Colar y reservar.

2. Rehogar los ajos y la cebolla y añadir el pimentón, el tomate, el orégano y sal y pimienta.

3. Incorporar el caldo de los mejillones y cuando hierva, agregar las papas y cocinar.

4. Añadir los fideos, los huevos y el queso, incorporar los mejillones y por último la leche.

— Chilcano —

Ingredientes para 6 personas:

2 1/2 lb de corvina, congrio u otro pescado, en un trozo
6 tazas de agua
1 cebolla picada
1 diente de ajo picado
1 ramita de perejil
El jugo de un limón
Ají en polvo
12 tajadas de pan, tostadas
Sal y pimienta

Poner el pescado en una olla, cubrir con el agua y añadir la cebolla, el ajo, el perejil y el limón. Sazonar con sal y pimienta y cocinar hasta que el pescado esté cocido.

A continuación, retirar de la olla, limpiarlo bien desechando las espinas y cortar en trozos no demasiado pequeños. Poner de nuevo el caldo a calentar, añadiéndole un poco de ají en polvo.

Seguidamente poner en el fondo de una sopera las tajadas de pan. Repartir el pescado sobre ellas y añadir el caldo bien caliente.

1. Cocinar el pescado con todos los ingredientes, excepto el ají y las tajadas de pan.

2. Retirar el pescado del caldo, añadir el ají a la olla y mantener a fuego bajo.

3. Limpiar el pescado, retirar todas las espinas y cortar en trozos no muy pequeños.

4. Poner las tajadas de pan en una sopera. Añadir el pescado y verter el caldo.

Lenguado con crema de camarones

Ingredientes para 4 personas:

1 lenguado grande o 2 medianos
1 lb de camarones (gambas)
2 cucharadas de aceite
2 cucharadas de mantequilla
2 cucharadas de harina de trigo
1 taza de leche evaporada
4 cucharadas de queso parmesano rallado
4 papas pequeñas, cocidas con su piel
1 cucharada de arvejas
Sal y pimienta

Limpiar los lenguados y cocinarlos unos minutos en agua con sal. Retirar del fuego y reservar calientes.

A continuación, cocinar los camarones en un poco de agua. Retirarlos, pelar y moler las cabezas en la licuadora, verterlas en el líquido de la cocción y pasar por un tamiz.

Seguidamente, calentar el aceite y la mantequilla en una olla al fuego. Agregar la harina, sofreír ligeramente e incorporar la leche y el líquido de los camarones. Sazonar con sal y pimienta y cocinar revolviendo hasta conseguir una crema.

Incorporar a la crema los camarones pelados, cortados por la mitad en sentido longitudinal, y el queso, y mezclar todo bien.

Por último, pelar los lenguados, ponerlos en una fuente de servir y cubrir con la crema preparada. Decorar con las papas cocidas y las arvejas, y servir.

1. Cocinar los lenguados durante unos minutos en agua con sal y reservar.

2. Cocinar los camarones, pelarlos, licuar las cabezas, añadir al caldo y pasar por un tamiz.

3. Preparar la crema con la harina de trigo, la leche y el caldo de los camarones.

4. Agregar los camarones cortados por la mitad y el queso y mezclar todo bien.

— Ají de choros —

Ingredientes para 4 personas:

4 docenas de mejillones (choros)
1/3 taza de aceite
1 cebolla picada
2 dientes de ajo picados
Ají (guindilla) al gusto
2 panes franceses
1 taza de leche evaporada
3 cucharadas de queso parmesano rallado
6 papas amarillas cocinadas y peladas
2 huevos duros
1 cucharada de perejil fresco, picado
Sal y pimienta

Lavar y raspar bien los mejillones bajo el chorro del agua fría. Poner en una olla con 1/2 taza de agua, tapar y cocinar hasta que se abran.

Retirar los mejillones y reservar. Colar el caldo y remojar en él los panes.

A continuación, calentar el aceite en una olla al fuego y rehogar la cebolla, los ajos y el ají. Sazonar con sal y pimienta al gusto y añadir el pan remojado y hecho puré, y cocinar unos minutos.

Seguidamente, agregar los mejillones, sin concha, la leche y el queso. Revolver bien, y cocinar unos minutos.

Verter en una fuente de servir y decorar con las papas, los huevos y salpicar con perejil picado.

1. Lavar y raspar los mejillones, y cocinar con 1/2 taza de agua hasta que se abran.

2. Rehogar la cebolla, los ajos y ají al gusto. Sazonar con sal y pimienta y agregar el pan remojado, hecho puré.

3. Cuando haya dado un hervor, añadir los mejillones y revolver.

4. Incorporar la leche y el queso, mezclar todo bien y cocinar.

— Sudado de pescado —

Ingredientes para 6 personas:

6 filetes de pescado blanco

Harina

6 cucharadas de aceite

2 dientes de ajo picados

1 cebolla mediana cortada en rodajas finas

1 cucharada de perejil fresco, picado

1 cucharada de cilantro (culantro) picado

El jugo de 1 limón

4 cucharadas de vino blanco seco

2 tomates pelados y cortados en rodajas

Sal y pimienta

Sazonar los filetes de pescado con sal y pimienta, enharinarlos y freír en una sartén con el aceite caliente. Retirar el pescado y reservar.

A continuación, en el mismo aceite, rehogar los ajos y la cebolla hasta que ésta esté transparente. Poner de nuevo el pescado en la sartén, espolvorear con el perejil y el cilantro, y rociar con el jugo de limón y el vino.

Por último, colocar por encima las rodajas de tomate. Salar, tapar la sartén y cocinar a fuego bajo durante unos minutos. Servir inmediatamente.

1. Sazonar con sal y pimienta los filetes de pescado. Enharinarlos y freír en el aceite caliente. Retirar y reservar.

2. En el mismo aceite, rehogar los ajos y la cebolla hasta que ésta esté transparente.

3. Poner de nuevo el pescado en la sartén, espolvorear con el perejil y el cilantro y rociar con jugo de limón y vino.

4. Colocar sobre el pescado las rodajas de tomate, tapar y cocinar a fuego bajo durante unos minutos.

— Bacalao con papas a la limeña —

Ingredientes para 6 personas:

1 1/2 lb de bacalao seco
3 cucharadas de aceite
8 dientes de ajo
2 1/2 lb de papas cortadas en trozos
1 pimentón (pimiento) rojo cortado en tiras
Un poco de picante
6 nueces peladas
Unas ramitas de perejil fresco
6 huevos duros
Sal

Poner el bacalao en un recipiente, cubrirlo con agua y dejar en remojo durante 24 horas, cambiándole el agua varias veces. Escurrir y cortar en trozos.

A continuación, calentar el aceite en una olla al fuego y dorar el bacalao. Retirarlo y en el mismo aceite, dorar los ajos pelados. Retirar los ajos y reservar.

Seguidamente, agregar a la olla las papas, rehogarlas y rociar con 3 vasos de agua. Incorporar el bacalao de nuevo, tapar y cocinar 5 minutos. Añadir el pimentón y continuar la cocción hasta que las papas estén tiernas.

Mientras tanto, hacer un majado con los ajos fritos, un poco de picante, las nueces y el perejil. Diluirlo con un poquito del caldo y verter en la olla. Revolver todo bien, rectificar la sazón y servir con los huevos duros cortados en rodajas.

1. Poner el bacalao en remojo durante 24 horas. Secar y cortar en trozos.

2. Calentar el aceite y dorar el bacalao. Retirar y reservar. Dorar los ajos y reservar.

3. Rehogar las papas, añadir 3 vasos de agua, incorporar el bacalao y cocinar 5 minutos.

4. Añadir el pimentón y cocinar. Hacer un majado con los ajos, el picante, las nueces y el perejil e incorporar a la olla.

— Pescado en escabeche —

Ingredientes para 6 personas:

6 filetes grandecitos de pescado (pargo colorado, lubina, róbalo)
Harina de trigo
3 cucharadas de mantequilla
1 taza de aceite de oliva
3 cebollas cortadas en aros
1 ó 2 ajíes (guindillas) cortados en tiras
1 cucharadita de orégano seco
4 cucharadas de vinagre
Sal y pimienta

Para acompañar:

2 choclos cocinados
2 huevos duros
Aceitunas negras y verdes

Sazonar el pescado con sal y pimienta al gusto. Enharinarlo y freír ligeramente en la mantequilla.

A continuación, calentar el aceite en una olla y rehogar la cebolla y los ajíes, hasta que la cebolla esté tierna y lige- ramente dorada. Añadir la cucharadita de orégano, revolver bien con una cu- chara de madera, rociar con el vinagre y mezclar.

Seguidamente, pasar el pescado frito a una olla de cristal. Verter el sofrito por encima y revolver todo.

Por último, servir el pescado acompa- ñado con los choclos cocinados, los huevos duros cortados en cuartos y las aceitunas.

1. Sazonar el pescado con sal y pimienta, y enharinar. Freír en la mantequilla y reservar.

2. Calentar el aceite y rehogar la cebolla con los ajíes hasta que la cebolla esté tierna.

3. Incorporar el orégano, revolver bien y añadir el vinagre.

4. Poner el pescado en una olla de cristal y cubrir con el sofrito.

— Cebiche de pescado —

Ingredientes para 6 personas:

2 1/2 lb de pescado cortado en cubitos de aproximadamente unos 3 cm

2 cebollas cortadas en tiras

2 ajíes (guindillas) verdes frescos, sin semillas y cortados en tiras

1 ají (guindilla) rojo fresco, sin semillas y cortado en tiras

1 cucharada de ají (guindilla) molido

8 limones pequeños

2 naranjas agrias

2 choclos

2 1/2 lb de boniatos (camotes)

Sal y pimienta

Poner el pescado en un colador grande. Rociar con agua hirviendo. Dejar escurrir y poner en una fuente honda.

A continuación, añadir las cebollas, los ajíes y el ají molido, incorporar el jugo de los limones, mezclado con el jugo de las naranjas y sazonar con sal y pimienta. Dejar reposar durante 3 horas en el refrigerador.

Cocinar los choclos y los boniatos y a la hora de servir, decorar el cebiche con ambos, cortados en rodajas.

1. Poner el pescado en un colador y rociar con agua hirviendo.

2. Añadir el pescado, las cebollas y los ajíes.

3. Rociar con los jugos de limón y naranja, y salpimentar.

4. Servir decorado con los choclos y boniatos cocinados.

Pescado en salsa de naranja

Ingredientes para 6 personas:

2 1/2 lb de pescado blanco

2 cucharadas de mantequilla

1 cebolla cortada en rebanadas

1 copa de vino blanco seco

1 ramita de perejil

Sal y pimienta

Para la salsa:

6 pimentones (ajíes) verdes

3 cucharadas de mantequilla

2 cucharadas de harina de trigo

1 taza de caldo de pescado

1/2 taza de leche evaporada

1 taza de jugo de naranja

Sal y pimienta

Engrasar con la mantequilla una fuente de horno y cubrir el fondo con la mitad de la cebolla. Colocar encima el pescado y cubrirlo con la cebolla restante. Rociar con el vino y una taza de agua, añadir el perejil y salpimentar. Cubrir con papel de aluminio e introducir en el horno, precalentado a 205° C (400° F), 10 minutos. Mientras tanto, poner los pimentones en un recipiente con agua. Poner al fuego y hervirlos durante unos minutos. Retirar del fuego, pelarlos, desechando las semillas y licuarlos hasta formar un puré.

Derretir la mantequilla en un recipiente al fuego y dorar la harina. Añadir el caldo mezclado con la leche, cocinando sin dejar de revolver hasta que haya espesado. Sazonar con sal y pimienta. Incorporar los pimentones licuados y el jugo de naranja y revolver. Por último, servir el pescado con la salsa preparada, decorado con gajos de naranja y perejil picado.

1. Poner la mitad de la cebolla en una fuente y encima el pescado.

2. Cubrir con la cebolla restante, cocinar con el agua y el vino.

3. Preparar la salsa con mantequilla, harina y el caldo y la leche mezclados.

4. Añadir los pimentones y el jugo de naranja y mezclar todo bien. Servir el pescado, previamente horneado, con la salsa preparada.

— Anticuchos de pescado —

Ingredientes para 6 personas:

2 1/2 lb de pescado blanco (corvina)
2 cucharadas de aceite
1/2 taza de vinagre
2 cucharaditas de pimentón (ají) en polvo
2 dientes de ajo picados
Sal y pimienta

Mezclar en un recipiente todos los ingredientes excepto el pescado.

A continuación, limpiar bien el pescado y cortarlo en dados de 4 cm aproximadamente. Ponerlos en un recipiente, cubrirlos con el preparado anterior y dejar reposar durante 1 1/2 ó 2 horas, en el refrigerador.

Ensartar los dados en brochetas, poniendo 4 ó 5 en cada una.

Finalmente, cocinar en una plancha o en la barbacoa, pincelándolos con el adobo restante y dándoles la vuelta para que se hagan por todos los lados. Servir con ensalada y encurtidos, espolvoreados con pimentón.

1. Preparar un adobo mezclando todos los ingredientes, excepto el pescado.

2. Cortar el pescado en dados, poner en un recipiente, cubrir con el adobo y macerar.

3. Ensartar 4 ó 5 trozos de pescado en cada brocheta.

4. Cocinar a la plancha o en la barbacoa, pincelando con el adobo.

— Pescado apanado en salsa —

Ingredientes para 4 personas:

8 filetes de pescado (corvina, lenguado, róbalo,... etc.)
I huevo batido
Miga de pan desmenuzada
Aceite para freír
2 dientes de ajo picados
I cebolla picada
4 tomates pelados y picados
Para acompañar, papas cocidas

Sazonar los filetes de pescado con sal y pimienta. Pasarlos primero por el huevo y a continuación por la miga de pan, presionando con los dedos de manera que queden bien apanados.

Seguidamente, calentar el aceite en una sartén al fuego, freír los filetes de pescado hasta que estén bien dorados y colocarlos en una olla de cristal.

Retirar aceite de la sartén, dejando 3 cucharadas y rehogar los ajos y la cebolla hasta que esta última esté transparente. Añadir los tomates, sazonar con sal y pimienta y freír durante 15 minutos.

Por último, cubrir el pescado con el sofrito preparado y cocinar todo junto durante unos minutos. Servir con papas cocidas y espolvorear con perejil picado.

1. Pasar los filetes de pescado por huevo batido y pan molido.

2. Freír en aceite caliente hasta que estén bien dorados.

3. Rehogar los ajos y la cebolla, añadir los tomates y freír.

4. Poner el sofrito sobre el pescado y cocinar unos minutos.

— Budín de pescado —

Ingredientes para 4 personas:

1 1/2 lb de pescado hervido
2 cucharadas de mantequilla
2 cucharadas de harina de trigo
1/2 cucharada de mostaza en polvo
2 tazas de leche
1/2 taza de miga de pan enmantequillada
2 cucharadas de queso parmesano rallado
Pimienta
Sal

Desmenuzar el pescado previamente hervido y reservar. A continuación, derretir la mantequilla en una olla. Agregar la harina y la mostaza, mezclar y verter la leche, poco a poco, sin dejar de revolver, cocinando hasta que espese. Seguidamente, incorporar el pescado a la salsa, sazonar con sal y pimienta y verter todo en un molde refractario. Por último, espolvorear con la miga de pan y el queso e introducir en el horno, precalentado a 190° C (375° F) durante 15 ó 20 minutos, hasta que las migas se doren. Servir caliente decorado al gusto.

1. Desmenuzar el pescado, previamente hervido.

2. Preparar una salsa con la mantequilla, harina, mostaza y leche.

3. Incorporar el pescado, sazonar con sal y pimienta al gusto y revolver.

4. Verter en un molde, espolvorear con la miga de pan y el queso, y hornear.

— Corvina a la chorrillana —

Ingredientes para 6 personas:

3 1/2 lb de corvina sin piel ni espinas

1 cucharada de aceite coloreado con achiote

2 cebollas grandes cortadas en aros finos

2 tomates grandes, cortados en rebanadas

2 dientes de ajo finamente picados

2 ajíes (guindillas) grandes frescos, cortados en rebanadas

1/2 cucharadita de orégano

2 cucharadas de aceite

El jugo de 1 limón

Sal y pimienta

Poner el aceite coloreado en una olla y cubrir el fondo con la mitad de la cebolla.

A continuación, añadir la mitad de los tomates, de los ajos y de los ajíes. Sazonar con orégano, sal y pimienta y terminar colocando el pescado. Seguidamente, cubrir con las mitades restantes de los tomates, los ajos y los ajíes. Sazonar de nuevo, rociar con el aceite y el jugo de limón. Tapar y cocinar durante 15 ó 20 minutos. Servir con arroz blanco.

1. Poner en una olla el aceite coloreado y la mitad de la cebolla.

2. Añadir la mitad de los tomates, los ajos y los ajíes.

3. Añadir los trozos de corvina sin piel y sin espinas y sazonar con sal y pimienta.

4. Cubrir con los ingredientes restantes. Rociar con el aceite y el jugo de limón y cocinar.

— Camarones entomatados —

Ingredientes para 4 personas:

700 g de camarones pelados

1 1/2 lb de coliflor, separada en ramitos

5 cucharadas de salsa de tomate (ketchup)

1 clara de huevo

2 cucharadas de fécula de maíz (maicena)

1/2 taza de aceite

2 cebollas largas (chinas) cortadas en rodajas

2 ajos picados

1 cucharada de salsa de soya (sillao)

1 cucharada de azúcar

1 cucharada de vinagre

1/3 taza de caldo

Sal

Cocinar la coliflor en agua con sal hasta que esté tierna, escurrir y adornar con los ramitos una fuente de servir.

Mezclar en un recipiente 1 cucharada de salsa de tomate, la clara de huevo, 1 cucharadita de fécula de maíz y el aceite. Añadir los camarones, salar y dejar reposar.

A continuación, en una sartén con un poquito de aceite, saltear muy ligeramente los camarones, y reservar.

Seguidamente, preparar un sofrito con las cebollas y los ajos. Agregar el adobo de los camarones, la salsa de tomate restante, la salsa soya, el azúcar y el vinagre. Revolver, incorporar la fécula de maíz restante, y el caldo, sazonar y cocinar hasta que la salsa ligue y espese ligeramente.

Por último, incorporar los camarones, cocinar unos minutos y servir en la fuente preparada con la coliflor.

1. Preparar una mezcla con 1 cucharada de salsa de tomate, la clara de huevo, 1 cucharadita de fécula de maíz, aceite y salar y poner los camarones dejándolos reposar.

2. Cortar la coliflor en ramitos y cocinarla en agua con sal hasta que esté tierna. Calentar un poco de aceite en una sartén y saltear muy ligeramente los camarones.

3. Freír las cebollas y los ajos hasta que estén transparentes, agregar el adobo de los camarones y los ingredientes restantes y cocinar hasta que espese ligeramente.

4. Añadir los camarones y cocinar todo junto durante unos minutos. Servir los camarones en la fuente adornada anteriormente con la coliflor cocinada.

— Perú Paulistano —

Ingredientes para 4 personas:

1 pollo de unas 3 1/2 lb aproximadamente
100 g de jamón dulce
150 g de tapioca
1/2 panecillo remojado en leche
2 cucharadas de manteca de cerdo (chancho)
Sal y pimienta

Lavar y secar el pollo. Sazonarlo con sal y pimienta por dentro y por fuera, y reservar.

A continuación, picar el jamón en trocitos muy pequeñitos. Poner la tapioca en un recipiente, añadir el jamón picadito, incorporar el pan remojado y mezclar todo bien. Sazonar con sal y pimienta y revolver.

Seguidamente, rellenar el pollo con el preparado anterior. Coser la abertura para que no se salga el relleno y atarlo para que no pierda la forma.

Por último, untar el pollo con la manteca e introducir en el horno, precalentado a 190° C (375° F) hasta que el pollo esté asado. Servir cortado en 4 y rodeado con el relleno.

1. Sazonar el pollo con sal y pimienta, por dentro y por fuera.

2. Picar el jamón en trocitos muy pequeños.

3. Mezclar la tapioca con el jamón y el pan remojado y sazonar con sal y pimienta.

4. Rellenar el pollo con el preparado anterior, coser la abertura, atarlo y asar.

— Pechugas a la cantonesa —

Ingredientes para 4 personas:

4 pechugas enteras de pollo, pequeñas
Harina de trigo
Salsa de soya (sillao)
Semillas de ajonjolí
2 cucharadas de mantequilla
1 lata de piña sin azúcar, cortada en trozos
Sal y pimienta

Cortar las pechugas por la mitad y sazonar con sal y pimienta al gusto.

Seguidamente, enharinarlas ligeramente por ambos lados, a continuación pasarlas por la salsa de soya de manera que queden bien impregnadas y después por las semillas de ajonjolí, presionando con la palma de la mano, para que éstas se adhieran.

A continuación, calentar la mantequilla en una sartén al fuego y dorar las pechugas por ambos lados. Retirarlas de la sartén, desechar la grasa sobrante y ponerlas de nuevo en la sartén.

Por último, añadir la piña, cortada en trocitos, junto con su jugo, tapar y cocinar durante 15 minutos a fuego bajo.

1. Cortar las pechugas de pollo por la mitad y sazonar con sal y pimienta al gusto.

2. Enharinarlas ligeramente, pasarlas por la salsa de soya y a continuación por las semillas de ajonjolí.

3. Freírlas en la mantequilla y retirar la grasa sobrante.

4. Añadir la piña en trocitos, con su jugo, y cocinar 15 minutos.

— Pato con arroz —

Ingredientes para 6 personas:

1 pato de 6 lb cortado en 6 presas
1 cucharada de aceite
1 cebolla grande, finamente picada
3 pimentones (pimientos) rojos, picantes, molidos en la licuadora
6 dientes de ajo machacados
2 cucharadas de cilantro (culantro) fresco, finamente picado
1 cucharadita de comino en polvo
4 tazas de caldo de pollo
4 tazas de arroz de grano largo
2 tazas de cerveza negra
1/2 taza de arvejas (guisantes) de lata
Sal y pimienta
Tomates en rodajas, para acompañar

Pinchar la piel del pato varias veces con un tenedor. Engrasar el fondo de una sartén con el aceite y, una vez caliente, freír el pato hasta que esté bien dorado. Retirar de la sartén y poner en una olla.

A continuación, retirar la grasa de la sartén menos 3 cucharadas. Añadir la cebolla, los pimentones y los ajos, y rehogar hasta que la cebolla esté dorada. Verter el sofrito sobre las presas de pato.

Seguidamente, añadir a la olla el cilantro y el comino. Sazonar con sal y pimienta y rociar con el caldo. Tapar y cocinar hasta que el pato esté tierno. Por último, añadir el arroz y la cerveza, y cocinar hasta que el arroz esté en su punto. Unos minutos antes, incorporar las arvejas a la olla. Si fuera necesario, agregar un poquito de agua, pero siempre teniendo en cuenta que debe quedar seco. Servir con rodajas de tomate.

1. Pinchar la piel del pato varias veces y freírlo hasta que esté dorado. Poner en una olla.

2. Preparar un sofrito en la grasa de la sartén, con la cebolla, los pimentones y los ajos.

3. Verter en la olla, añadir el cilantro, el comino, y el caldo. Sazonar con sal y pimienta y cocinar.

4. Incorporar el arroz y la cerveza y cocinar hasta que el arroz esté tierno. Al final de la cocción, agregar las arvejas.

— Carapulcra —

Ingredientes para 6 personas:

1 pollo de unas 4 lb aproximadamente, cortado en presas
1 lb de lomo de cerdo (chancho), cortado en trozos pequeños
2 tazas de caldo
4 cucharadas de aceite
1 cebolla grande, picada
4 dientes de ajo picados
Una pizca de comino en polvo
1/2 cucharada de pimienta de Cayena
2 papas peladas y cortadas en trozos
1/2 taza de maní (cacahuetes) tostados y molidos
6 papas amarillas pequeñas, cocidas
3 huevos duros
10 aceitunas verdes
10 aceitunas negras
Sal y pimienta

2. Retirar de la olla. Colar el caldo y reservar. Desechar la piel del pollo y cortar en trocitos.

Poner el pollo en una olla junto con la carne de cerdo. Cubrir con el caldo y cocinar hasta que ambos estén tiernos. Colar el caldo y reservar.

A continuación, desechar la piel del pollo y cortarlo en trocitos del mismo tamaño que el cerdo.

Seguidamente, calentar el aceite en una olla, añadir la cebolla, el ajo, el comino y la pimienta de Cayena, y rehogar hasta que la cebolla esté tierna. Incorporar las 2 papas cortadas en trozos y 1 taza del caldo reservado y cocinar hasta que las papas se deshagan.

Por último, sazonar con sal y pimienta. Añadir el maní, cocinar 2 minutos e incorporar las carnes. Dejar que dé todo un hervor y servir acompañado con las papas cocidas, los huevos duros y las aceitunas.

3. Rehogar la cebolla con el ajo, el comino y la pimienta. Incorporar las papas y 1 taza de caldo y cocinar.

1. Poner las presas de pollo y la carne de cerdo en una olla con el caldo y cocinar.

4. Sazonar con sal y pimienta e incorporar el maní. Cocinar 2 minutos, añadir las carnes, dar un hervor y servir.

— Pichones con salsa de gambas —

Ingredientes para 6 personas:

6 pichones
3 cucharadas de mantequilla
I cebolla picada
I diente de ajo picado
2 cucharadas de harina de trigo
I 1/2 tazas de vino blanco seco
I 1/2 tazas de caldo de pollo
Una pizca de nuez moscada
1/2 lb de camarones (gambas) crudos
2 huevos
I cucharada de cilantro (culantro) picado
Sal y pimienta
Arroz blanco para acompañar

Lavar los pichones, secarlos y atar las patas y las alas para que no pierdan su forma.

A continuación, calentar la mantequilla en una sartén al fuego y dorar los pichones por todos los lados, dándoles la vuelta frecuentemente. Colocarlos en una olla y, en la mantequilla que haya quedado en la sartén, rehogar la cebolla y los ajos hasta que estén transparentes.

Seguidamente, incorporar la harina y cocinar 1 minuto, sin dejar de revolver. Añadir el vino, revolver de nuevo y agregar el caldo. Sazonar con nuez moscada, sal y pimienta al gusto y verter todo sobre los pichones. Tapar la olla con papel de aluminio, a continuación poner la tapadera y cocinar a fuego bajo hasta que los pichones estén tiernos.

Por último, retirar los pichones y mantener el calor. Añadir los camarones a la olla y dejar hervir durante unos 2 minutos. Incorporar los huevos previamente batidos y el cilantro y revolver, sin dejar que hierva, hasta que la salsa espese. Servir los pichones con la salsa y acompañados de arroz blanco.

1. Lavar los pichones, secar y atar las patas y las alas. Calentar la mantequilla y dorarlos. Reservar.

2. En la misma grasa, rehogar la cebolla, el ajo. Añadir la harina y cocinar, revolviendo, 1 minuto.

3. Incorporar el vino y el caldo. Sazonar, verter en la olla y cocinar hasta que los pichones estén tiernos.

4. Retirar los pichones y mantenerlos calientes. Incorporar los camarones, cocinar 2 minutos, añadir los huevos y cocinar.

— Mollejas guisadas —

Ingredientes para 4 personas:

1 1/2 lb de mollejas de pollo
2 hojas de laurel
1/2 taza de aceite
2 cebollas picadas
2 ramitas de apio picadas
3 zanahorias, picadas
2 pimentones (pimientos morrones) rojos picados
150 g de jamón de York (del norte) picado
3 cucharadas de pasta de tomate
Una pizca de orégano en polvo
Una pizca de comino en polvo
1 copa de vino blanco seco

Sal y pimienta

Arroz blanco para acompañar

Limpiar bien las mollejas, lavarlas y poner en una olla con el laurel. Cubrir con agua, salar y cocinar hasta que estén tiernas. Retirarlas del caldo y picarlas en trocitos.

A continuación, calentar el aceite en la olla, añadir las cebollas, el apio, las zanahorias y los pimentones, y rehogar hasta que todo esté tierno. Incorporar a la olla las mollejas picadas junto con el jamón. Agregar la pasta de tomate, el orégano y el comino, y revolver todo bien.

Por último, rociar con el vino, tapar la olla y cocinar todo junto unos minutos. Servir con arroz blanco.

1. Lavar las mollejas y cocinar con el laurel y agua con sal, hasta que estén tiernas. Picarlas en trocitos y reservar.

2. Calentar el aceite y rehogar la cebolla, el apio, las zanahorias y los pimentones, hasta que todo esté tierno.

3. Incorporar las mollejas y el jamón picados y mezclar todo bien.

4. Añadir el tomate y los condimentos, rociar con el vino y cocinar.

— Ají de gallina —

Ingredientes para 6 personas:

1 gallina de unas 3 1/2 lb
4 cucharadas de aceite
1/2 lb de cebolla picada
1 diente de ajo picado
6 ajíes verdes picados
4 tajadas (rajas) de pan de molde
100 g de nueces peladas
1 cucharada de queso rallado
1 lata de leche evaporada
6 papas amarillas cocidas
6 huevos duros
Sal y pimienta

Cortar la gallina en presas, poner en una olla con agua y sal y cocinar hasta que esté tierna. Retirar las presas de la olla, desechar la piel y huesos y desmenuzarla. Reservar el caldo.

A continuación, calentar el aceite en una olla al fuego y rehogar la cebolla junto con el ajo y los ajíes, todo finamente picado. Sazonar con sal y pimienta al gusto y cocinar hasta que todo esté tierno.

Mientras tanto, quitar la corteza a las tajadas de pan de molde, desmenuzar la miga y humedecerla ligeramente con un poco del caldo de gallina reservado.

Seguidamente, incorporar a la sartén y freír con las hortalizas durante 10 minutos.

Por último, añadir las nueces a la olla junto con la gallina desmenuzada y el queso rallado y rehogar todo junto durante unos 10 minutos. Rociar con la leche, revolver todo bien y servir con las papas y los huevos, decorando al gusto.

1. Cocinar la gallina hasta que esté tierna. Desechar la piel y los huesos y desmenuzarla.

2. Rehogar la cebolla, los ajos y el ají, picados y sazonar con sal y pimienta.

3. Desechar la corteza del pan, desmenuzarlo y humedecer ligeramente con el caldo, agregar a la olla y freír 10 minutos.

4. Incorporar las nueces, la gallina y el queso. Rehogar 10 minutos, añadir la leche, revolver bien y servir.

Anticuchos

Ingredientes para 4 personas:
1 corazón de res
1 cucharada de ají amarillo, picado
2 cucharadas de ají rojo, picado
1/2 cucharada de comino en polvo
2 dientes de ajo picados
1/2 taza de vinagre
Aceite para la plancha
Sal

Quitar los nervios al corazón, lavarlo bien, cortar en cubitos no muy pequeños, y poner en un recipiente.

A continuación, preparar un adobo en un recipiente con todos los ingredientes restantes, excepto el aceite. Cubrir con él el corazón y dejar macerar en el refrigerador, durante unas 24 horas.

Seguidamente, ensartar los cubitos de corazón en brochetas de madera, poniendo 5 ó 6 trozos en cada una.

Por último, engrasar una plancha con el aceite y, cuando esté bien caliente asar las brochetas, dándoles la vuelta para que se doren por todos lados. Servir sobre un lecho de lechuga y acompañados de choclo asado.

1.Quitar los nervios al corazón, lavar bien y cortarlo en cubitos no muy pequeños.

2. Preparar un adobo con todos los ingredientes restantes, cubrir el corazón con él y macerar 24 horas.

3. Ensartar el corazón en unas brochetas de madera.

4. Asar al fuego en una plancha, dándoles varias vueltas.

— Chancho asado con Chop Suey —

Ingredientes para 4 personas:

1 cucharada de manteca de cerdo (chancho)
2 dientes de ajo machacados
2 cucharadas de salsa de soya (sillao)
300 g de cerdo (chancho) asado
1 lb de col china o repollo cortado en tiras
1 cucharada de fécula de maíz (chuño)
Sal

Calentar la manteca en una sartén al fuego y freír los ajos hasta que estén dorados. Añadir la salsa de soya y revolver. Cortar la carne de cerdo, previamente asada, en tiritas y añadir a la sartén junto con la col. Rociar con 1/2 taza de agua, salar, tapar la sartén y cocinar durante 10 minutos. Por último, disolver la fécula de maíz en un poquito de agua, añadir a la sartén y cocinar para que la mezcla espese ligeramente. Servir bien caliente.

1. Freír los ajos en la manteca caliente y cuando estén doraditos, agregar la salsa de soya.

2. Mientras tanto, cortar el cerdo asado en tiritas y la col china también en tiritas.

3. Incorporar a la sartén, salar, añadir agua y cocinar durante unos 10 minutos.

4. Disolver la fécula de maíz en un poquito de agua agregar a la sartén y cocinar hasta que la salsa espese ligeramente.

— Carne de res con jengibre —

Ingredientes para 4 personas:

1 lb de carne magra de res (vaca)
1 copa de vino blanco seco
1 clara de huevo
2 cucharadas de manteca de cerdo (chancho)
1 puerro cortado en rodajas finas
50 g de jengibre fresco, cortado en trocitos
2 cucharadas de salsa de soya (sillao)
1 cucharadita de azúcar
1/2 taza de vinagre de vino
Sal y pimienta blanca recién molida

Limpiar la carne de grasa y cortar en tiritas finas.

A continuación, mezclar en un recipiente la mitad del vino y la clara de huevo, y añadir la carne a esta mezcla.

Seguidamente, calentar la manteca en una sartén al fuego y freír la carne, a fuego alto, separando los trozos para que no se peguen. Retirar y dejar escurrir en un colador.

En la misma grasa de la sartén, freír el puerro y el jengibre durante unos minutos. Añadir la carne y una mezcla previamente hecha con el vino restante, la salsa de soya, el azúcar, el vinagre y sal y pimienta. Cocinar todo junto unos minutos y servir.

1. Cortar la carne en tiritas.

2. Mezclar la mitad del vino y la clara y remojar la carne.

3. Freír la carne en la manteca caliente, retirar de la sartén y dejar escurrir.

4. Freír el puerro y el jengibre, agregar la carne y los ingredientes restantes, cocinar ligeramente y servir.

— Jamón del país —

Ingredientes para 8 personas:

1 trozo de pernil de cerdo (chancho) de unas 6 lb
2 dientes de ajo finamente picados
1 cucharada de color (achiote) en polvo
1 cucharadita de comino molido
1 cucharadita de manteca de cerdo (chancho)
Sal
Pimienta
Manzanas fritas y purés, de manzana y de papa, para acompañar

Lavar la carne y secar con un paño o servilletas de papel. A continuación, preparar una pasta con los ajos, el color, el comino, sal y pimienta. Untar la carne con esta mezcla y dejar macerar durante 2 horas.

Seguidamente, poner la carne en una olla, cubrir con agua y cocinar a fuego medio, hasta que esté tierna.

Por último, escurrir la carne, ponerla en una lata de horno, untarla con la manteca e introducir en el horno, precalentado a 220° C (425° F) hasta que esté dorada. Servir con las manzanas fritas y los purés.

1. Lavar bien el trozo de pernil de cerdo, y secar con un paño de cocina o servilletas de papel.

2. Preparar una pasta con los ajos, el color, el comino y sal y pimienta, y untar la carne con esta mezcla.

3. Una vez que la carne esté adobada poner en una olla, cubrir con agua y cocinar.

4. Retirar del líquido de cocción, poner en una lata, untar con la manteca y hornear hasta que esté dorada.

— Cordero criollo —

Ingredientes para 6 personas:

1 pernil (pierna) de cordero o de chivo de aproximadamente 5 lb
1/2 cucharada de ajo en polvo
1/2 cucharadita de comino molido
1/2 cucharada de semillas de achiote
Una pizca de pimienta negra
1/2 cucharada de orégano
1 1/2 cucharadas de color (pimentón dulce)
1 diente de ajo machacado
1/4 taza de vinagre de vino
1/2 taza de aceite
3 papas grandes, peladas y cortadas por la mitad
Sal
1 pimentón rojo (pimiento morrón) de lata, para decorar
Unas hojas de lechuga para acompañar

Preparar un adobo mezclando en un recipiente el ajo en polvo, el comino, el achiote, la pimienta, el orégano, el color, el diente de ajo, el vinagre y sal. Añadir el aceite, poco a poco, sin dejar de revolver, para que ligue.

A continuación, untar la carne con el preparado y dejar reposar durante 2 horas.

Seguidamente, retirar del adobo, reservándolo, y colocar el pernil en una lata de horno. Poner alrededor las papas e introducir en el horno, precalentado a 205° C (400° F) hasta que la carne esté tierna. A media cocción, rociar con el adobo reservado y dar la vuelta a las papas.

Servir acompañado de la lechuga picada y decorar con el pimentón.

1. Preparar un adobo con todos los ingredientes y ligar con el aceite.

2. Untar la carne con el adobo preparado y dejar reposar 2 horas.

3. Poner en una lata junto con las papas y hornear hasta que la carne esté tierna.

4. A media cocción, rociar con el adobo reservado y dar la vuelta a las papas.

— Seco en carnero —

Ingredientes para 6 personas:

4 lb de carne magra de cordero, cortada en cubitos
3/4 de taza de cilantro (culantro) fresco, picado
2 ajíes (guindillas) verdes o rojos
10-12 dientes de ajo
1/2 taza de aceite
2 cebollas picadas
1/2 taza de jugo de naranja amarga
2 lb de papas cortadas en rodajas
1 lb de arvejas (guisantes) frescas
Sal y pimienta

Poner en la licuadora el cilantro junto con los ajíes y los ajos y moler hasta formar un puré.

A continuación, calentar el aceite en una sartén y rehogar la cebolla hasta que esté transparente. Añadir el puré preparado y sofreír durante 5 minutos.

Agregar la carne, dar unas vueltas, rociar con el jugo de naranja, añadir agua hasta cubrir, sazonar con sal y pimienta, tapar y cocinar hasta que la carne esté tierna.

Mientras tanto, cocinar las papas y las arvejas en una olla.

Por último, incorporar las papas y las arvejas al guiso, cocinar todo junto unos minutos y servir.

1. Rehogar la cebolla picada hasta que esté tierna.

2. Añadir la mezcla preparada con los ajos, los ajíes y el cilantro y cocinar.

3. Incorporar la carne, y dar unas vueltas para mezclar todo bien.

4. Rociar con el jugo de naranja, cubrir con agua y cocinar.

5. Agregar las papas y las arvejas, dar unas vueltas y servir.

— Picante de pata arequipeña —

Lavar bien las pezuñas, ponerlas en una olla, añadir la menta, cubrir con agua, tapar el recipiente y cocinar hasta que estén tiernas. Retirarlas del líquido, dejar enfriar, deshuesarlas y cortar en trocitos.

A continuación, calentar el aceite en una olla y sofreír la cebolla, los ajos, el orégano y los ajíes, durante 10 minutos. Sazonar con sal y pimienta y añadir el maní.

Seguidamente, incorporar el caldo, cocinar durante unos minutos, añadir las pezuñas y las papas y dar un hervor a todo junto. Servir con el arroz blanco.

1. Poner las pezuñas y la menta en una olla, cubrir con agua y cocinar.

2. Dejar enfriar, deshuesar y cortar en trocitos.

3. Sofreír la cebolla junto con los ajos, el orégano y los ajíes. Sazonar e incorporar el maní.

4. Añadir las papas cocidas y las pezuñas, dar un hervor y servir con el arroz.

— Cabrito en salsa —

Ingredientes para 4 personas:

2 1/2 lb de cabrito cortado en trozos
4 cucharadas de aceite
1 cebolla picada
2 hojas de laurel
1 diente de ajo
8-10 almendras peladas
Unas ramitas de perejil fresco
3 cucharadas de vinagre
Sal y pimienta

Lavar bien los trozos de cabrito y secarlos. Calentar el aceite en una olla y dorar la carne por todos los lados.

A continuación, añadir la cebolla y 1 hoja de laurel y sofreír hasta que la cebolla esté dorada.

Seguidamente, sazonar con sal y pimienta, cubrir con agua y cocinar hasta que la carne esté casi tierna.

Mientras tanto, preparar un majado con el ajo, las almendras, la hoja de laurel restante, picada, y el perejil. Cuando todo esté bien mezclado, añadir al cabrito, incorporar el vinagre y cocinar hasta que todo esté en su punto.

1. Lavar bien y secar el cabrito, y dorarlo en una olla con el aceite caliente.

2. Añadir la cebolla y una hoja de laurel y cocinar hasta que la cebolla esté dorada.

3. Sazonar con sal y pimienta, cubrir con agua y cocinar hasta que la carne esté casi tierna.

4. Hacer un majado con los ingredientes restantes, añadir al guiso junto con el vinagre y terminar la cocción.

— Chancho adobado —

Ingredientes para 4 personas:

2 1/2 lb de carne de cerdo (chancho), cortada en dados de unos 5 cm
2 dientes de ajo
2 cucharadas de achiote
2 cucharaditas de comino
1 taza de vinagre
2 cucharadas de manteca de cerdo o aceite
El jugo de 1 naranja amarga
2 lb de batatas
Sal y pimienta
Arroz blanco para acompañar

Preparar un majado con los ajos, el achiote, el comino, el vinagre y sal y pimienta.

A continuación, poner la carne en un recipiente. Añadir el adobo preparado, mezclar todo bien y dejar macerar durante toda la noche.

Seguidamente, retirar la carne del adobo, secarla ligeramente y dorarla en una sartén con la manteca caliente. Pasarla a una olla y añadir el adobo sobrante y el jugo de naranja. Tapar y cocinar a fuego bajo hasta que la carne esté tierna.

Mientras tanto, cocinar las batatas, peladas y cortadas en rodajas, hasta que estén tiernas.

Por último, servir la carne junto con las batatas, acompañadas con el arroz blanco.

1. Majar los ajos con el achiote, el comino, el vinagre, sal y pimienta.

2. Cubrir la carne con el adobo, mezclar y macerar toda la noche.

3. Dorar la carne en una sartén con la manteca, y pasarla a una olla.

4. Añadir el adobo restante y el jugo de naranja, y cocinar hasta que esté tierna.

5. Mientras tanto, cocinar las batatas en agua con sal hasta que estén tiernas.

— Riñones de res salteados —

Ingredientes para 4 personas:

1 riñón entero de res (vaca)
3 cucharadas de aceite
1 cucharada de harina de trigo
1 vaso de vino blanco seco
2 cucharadas de perejil fresco, picado
Sal y pimienta
Arroz blanco para acompañar

Retirar la piel que recubre al riñón, cortarlo por la mitad en sentido longitudinal, y retirar con cuidado la parte nerviosa del interior.

A continuación, cortar el riñón en rebanaditas y colocarlas en un colador. Poner el colador en un recipiente hondo, cubrir con agua hirviendo y dejar así durante unos minutos. Retirar el colador y escurrir bien.

Seguidamente, calentar el aceite en una sartén al fuego, agregar las rebanaditas de riñón y rehogarlas a fuego alto, revolviendo frecuentemente. Sazonar con sal y pimienta al gusto y retirar de la sartén.

Finalmente, en la grasa que ha quedado, desleír la harina. Rociar con el vino y, cuando ligue la salsa, incorporar de nuevo los riñones, añadir el perejil y dar un hervor todo junto. Servir con arroz blanco.

1. Quitar la piel y los nervios del riñón, y cortar en rebanaditas.

2. Ponerlos en un colador y cubrir con agua hirviendo.

3. Escurrirlos bien, y rehogar a fuego alto. Sazonar con sal y pimienta y retirar.

4. Desleír la harina en la grasa de la sartén. Añadir el vino, ligar la salsa, agregar los riñones y dar un hervor.

— Cordero a la tacneña —

Ingredientes para 6 personas:

1 pernil (pierna) de cordero de 4 lb aproximadamente, deshuesada
Harina de trigo
1/2 taza de aceite
3 dientes de ajo picados
1 cebolla picada
150 g de maní (cacahuetes) molidos
1 taza de caldo de carne
1 1/2 copas de vino blanco seco
1 hoja de laurel

Una pizca de nuez moscada
1 cucharadita de perejil fresco, finamente picado
1 cucharadita de tomillo fresco, finamente picado
Sal y pimienta
Papas asadas para acompañar

Cortar la carne en filetes, sazonar con sal y pimienta, pasarlos por harina y reservar.

A continuación, dorar la carne en una olla, con el aceite caliente, dándole la vuelta hasta que esté bien dorada. Añadir los ajos y la cebolla y sofreír a fuego bajo.

Mientras tanto, mezclar el maní con el caldo e incorporar a la olla junto con los ingredientes restantes.

Tapar y cocinar a fuego bajo hasta que la carne esté tierna. Servir con papas asadas.

1. Cortar la carne en filetes, salpimentar y enharinar.

2. Dorar los filetes en una olla con el aceite caliente.

3. Agregar la cebolla y los ajos y sofreír a fuego bajo hasta que la cebolla esté tierna.

4. Incorporar el maní mezclado con el caldo, junto con los ingredientes restantes y cocinar.

— Guiso de conejo —

Ingredientes para 4 personas:

1 conejo de 3 lb cortado en trozos
6 dientes de ajo
1 cucharadita de comino
1 cucharadita de orégano
1/2 taza de aceite
1/4 taza de vinagre
3 lonchas de tocineta ahumada (beicon) cortada en tiritas
2 tazas de vino blanco seco
12 cebollas pequeñitas, peladas
Pimienta
Sal
Papas amarillas hervidas y aceitunas negras para acompañar

Preparar un majado en el mortero con los dientes de ajo, el comino, el orégano, sal y pimienta, el vinagre y la mitad del aceite.

Poner el conejo en un recipiente suficientemente grande, cubrir con el preparado anterior, mezclando bien, tapar con plástico y dejar macerar en el refrigerador durante aproximadamente unas 8 horas.

A continuación, calentar el aceite restante en una sartén y freír la tocineta hasta que esté crujiente. Retirar con una espumadera y en la misma grasa, dorar el conejo.

Seguidamente, poner el conejo en una olla junto con la tocineta. Añadir el adobo sobrante, el vino y las cebollas. Tapar y cocinar a fuego bajo hasta que la carne esté tierna.

Por último, retirar los trozos de conejo y las cebollas y colocarlos en una fuente de servir. Reducir la salsa a fuego alto, verter por encima de la carne y servir con las papas hervidas y las aceitunas.

2. Cubrir el conejo con el adobo preparado, tapar con plástico y dejar macerar durante 8 horas en el refrigerador.

3. Calentar el aceite restante y freír la tocineta. Dorar el conejo y poner todo en una olla.

1. Preparar un majado con los ajos, el comino, el orégano, sal, pimienta, vinagre y aceite.

4. Añadir el adobo sobrante y todos los ingredientes restantes, tapar y cocinar hasta que esté en su punto.

— Budín de arroz y chocolate —

Ingredientes para 6 personas:

1/2 taza de crema de leche
2 cucharadas de chocolate rallado
2 tazas de arroz hervido con canela
Esencia de vainilla
1/2 lb de nueces picadas
2 huevos
1 taza de azúcar
Crema de chantilly y guindas para decorar

Poner la crema de leche en un recipiente al fuego, añadir el chocolate rallado y cocinar, revolviendo constantemente con una cuchara de madera hasta que éste se disuelva.

A continuación, incorporar el arroz, la esencia de vainilla y las nueces picadas, apartar del fuego, revolver todo bien y añadir los huevos batidos y el azúcar.

Seguidamente, caramelizar un molde con 2 cucharadas de azúcar y unas gotas de agua. Cuando esté caramelizado y frío, verter en él el preparado anterior. Poner al baño María y cocinar durante 30 ó 40 minutos, hasta que esté cuajado.

Por último, dejar enfriar, desmoldar y servir, decorado con la crema chantilly y las guindas.

1. Cocinar la crema de leche con el chocolate, revolviendo hasta que éste se derrita.

2. Añadir el arroz hervido, la esencia de vainilla y las nueces picadas y revolver.

3. Incorporar los huevos batidos y el azúcar y mezclar.

4. Verter en un molde caramelizado y cocinar al baño María.

— Natillas piuranas —

Ingredientes para 4-6 personas:

2 tazas de azúcar morena

5 ó 6 cucharadas de agua

3 tazas de leche

1 taza de leche evaporada

1/2 cucharadita de polvo de hornear (levadura)

1/2 taza de nueces finamente picadas

Poner en un recipiente el azúcar y el agua, y cocinar a fuego bajo, sin dejar de revolver, hasta que el azúcar se disuelva.

A continuación, poner en otro recipiente la leche, la leche evaporada y el polvo de hornear. Mezclar bien y cuando rompa a hervir, incorporar al azúcar disuelta. Cuando todo esté bien mezclado, verter en una olla y cocinar a fuego bajo, sin dejar de revolver, hasta que resulte una crema espesa.

Por último, añadir las nueces picadas y mezclar todo bien. Dejar enfriar ligeramente, antes de servir.

1. Cocinar el azúcar con el agua hasta que el azúcar se disuelva.

2. Mezclar la leche, la leche evaporada y el polvo de hornear.

3. Cuando rompa a hervir, añadir al azúcar disuelta, revolver bien y cocinar hasta que espese.

4. Incorporar las nueces, mezclar todo bien y dejar enfriar ligeramente, antes de servir.

— Humitas dulces —

Ingredientes para 4 personas:

7 choclos
1/2 taza de azúcar
1 cucharada de manteca
1 astilla de canela
2 tazas de leche
1 taza de azúcar
Una pizca de bicarbonato
1/2 taza de pasas
Hojas de choclo

Rallar los choclos y ponerlos en una olla. Añadir la 1/2 taza de azúcar junto con la manteca y la canela y cocinar a fuego bajo, sin dejar de revolver, hasta que se forme un puré homogéneo.

Mientras tanto, preparar el manjar blanco; cocinar la leche con el azúcar y el bicarbonato, y cuando rompa a hervir, cocinar sin dejar de revolver, hasta que espese.

A continuación, remojar las hojas de choclo, si son secas. Colocar dos hojas, en forma de cruz, sobre una superficie plana. Poner una cucharada de puré de choclo y sobre éste, una cucharada de manjar blanco. Añadir unas pasas, envolver y atar bien cada paquetito.

Por último, colocar hojas de choclo en el fondo de una olla y cubrir con agua. Poner encima los paquetitos y cocinar durante 15 minutos.

1. Mezclar el choclo rallado con el azúcar, la manteca y la astilla de canela.

2. Cocinar revolviendo hasta formar un puré homogéneo. Preparar el manjar blanco.

3. Colocar dos hojas de choclo en forma de cruz y poner 1 cucharada de puré de choclo, 1 cucharada de manjar y unas pasas.

4. Formar los paquetes y atarlos. Poner hojas de choclo en el fondo de una olla, añadir agua, poner los paquetes y cocinar.

Suspiro limeño

Ingredientes para 6 personas:

1 taza de leche condensada
1 taza de leche evaporada
Unas gotas de esencia de almendras (opcional)
5 yemas
1 copita de Oporto
1 taza de azúcar
3 claras
Canela molida

Mezclar en un recipiente la leche condensada y la evaporada. Acercar al fuego y cocinar, revolviendo, hasta que el preparado espese. Añadir la esencia de almendras y mezclar. Retirar del fuego y, cuando pierda el exceso de calor, incorporar las yemas batidas. Revolver bien hasta que queden totalmente incorporadas y verter en un recipiente de cristal.

A continuación, poner el vino de Oporto y el azúcar en un recipiente al fuego y cocinar hasta formar un almíbar.

Seguidamente, batir las claras de huevo a punto de nieve y agregarles el almíbar, una vez frío, poco a poco.

Por último, cubrir la crema de leche con las claras batidas, espolvorear con canela en polvo y servir.

1. Mezclar la leche condensada y evaporada y cocinar.

2. Añadir la esencia, retirar del fuego y agregar las yemas batidas.

3. Preparar un almíbar con el vino de Oporto y el azúcar.

4. Incorporarlo a las claras a punto de nieve y cubrir la crema.

Arroz zambito

Ingredientes para 6 personas:

1 taza de arroz
2 tazas de agua
4 clavos de olor
1 astilla de canela
Panela (chancaca) rallada, al gusto
1 copa de vino dulce
1/2 taza de nueces picadas
1/2 taza de pasas

Lavar el arroz bajo el chorro del agua fría, ponerlo en una olla con el agua, los clavos de olor y la canela y cocinar durante 10 minutos.

A continuación, agregar la panela rallada y revolver para que se disuelva.

Seguidamente, incorporar el vino y continuar la cocción.

Por último, cuando el arroz esté casi en su punto, agregar las nueces y las pasas y terminar la cocción hasta que el arroz esté en su punto.

1. Cocinar el arroz con los clavos de olor y canela.

2. Añadir la panela rallada y revolver.

3. Incorporar el vino y continuar la cocción.

4. Agregar las nueces y las pasas y terminar la cocción.

— Flan de duraznos —

Ingredientes para 6 personas:

250 g de galletas "deditos" (bizcochos de vainilla)
1 lata de duraznos
4 huevos
1 taza de azúcar
1 taza de leche
Crema de leche batida (nata montada) para decorar

Caramelizar el fondo de un molde hondo y dejar enfriar. Picar los bizcochos y reservar.

Picar los duraznos reservando dos mitades para el adorno. Verter en el molde una capa de bizcochos y encima una capa de duraznos. Cubrir con otra capa de bizcochos y terminar con los duraznos restantes.

Seguidamente, batir los huevos con el azúcar. Añadirles la leche, revolver todo bien y verter el preparado en el molde.

Por último, poner al baño María y cocinar hasta que esté cuajado. Dejar enfriar el flan, desmoldar y decorar con la crema batida y los duraznos reservados.

1. Caramelizar uniformemente el fondo de un molde hondo y dejar enfriar.

2. Picar los duraznos reservando 2 para el adorno y cortar en trocitos los bizcochos.

3. Poner una capa de bizcochos, y encima una capa de duraznos. Cubrir con bizcocho y terminar con duraznos.

4. Batir los huevos con el azúcar y mezclar con la leche, verter en el molde y cocinar al baño María.

— Frituras de plátano —

Ingredientes para 6 personas:

2 plátanos hechos puré
5 cucharadas de harina de trigo
2 cucharadas de fécula de maíz
1 taza de azúcar
1/2 taza de leche
1 huevo batido
El jugo de 1 limón
Aceite para freír
Azúcar pulverizada

Poner el puré de plátano en un recipiente. Añadir la harina y la fécula de maíz y revolver bien.

A continuación, agregar el azúcar y la leche, poco a poco, revolviendo hasta que el preparado esté homogéneo.

Seguidamente, incorporar el huevo batido y el jugo de limón y mezclar bien.

Por último, calentar aceite abundante en una sartén al fuego y freír al masa preparada, a cucharadas. Dejar escurrir sobre servilletas de papel absorbente, espolvorear con azúcar pulverizada y servir.

1. Mezclar el puré de plátano con la harina y la fécula de maíz.

2. Incorporar el azúcar y la leche, poco a poco y revolviendo.

3. Cuando el preparado esté homogéneo, añadir el huevo batido y el jugo de limón.

4. Freír a cucharadas, escurrir sobre papel absorbente y espolvorear con azúcar pulverizada.

— Bienmesabe —

Ingredientes para 6 personas:

1 lb de boniatos (camotes), pelados
2 clavos de olor
1/2 taza de leche evaporada
1 lb de azúcar
1 cucharadita de esencia de vainilla
1 astilla de canela
2 yemas de huevo
1/2 vaso de vino dulce

Poner los boniatos cortados en trocitos con un poco de agua y los clavos de olor, y cocinar hasta que estén tiernos. Escurrir y hacerlos puré aplastándolos con un tenedor o en la licuadora.

A continuación, poner al fuego e ir añadiendo, poco a poco, la leche sin dejar de revolver.

Seguidamente, incorporar el azúcar, la vainilla y la canela y cocinar, siempre revolviendo, hasta que esté homogéneo y espesito.

Por último, batir las yemas con el vino y agregar al preparado anterior. Revolver y apartar del fuego, verter en una fuente de cristal y servir frío decorándolo al gusto.

1. Cocinar los boniatos, escurrirlos y hacerlos puré.

2. Añadir la leche, cocinando sin dejar de revolver.

3. Agregar el azúcar, la vainilla y la canela y cocinar hasta que esté homogéneo.

4. Batir las yemas con el vino e incorporar al preparado anterior. Verter en una fuente de cristal y dejar enfriar.

— Budín —

Ingredientes para 6 personas:

1 bizcocho de unos 300 g
1 taza de leche
4 yemas batidas
1/2 lb de azúcar
1 cucharadita de canela en polvo
3 cucharadas de pasas
1 cucharada de mantequilla
100 g de almendras crudas, peladas
1 cucharada de semillas de ajonjolí

Desmenuzar el bizcocho y ponerlo en un recipiente. Añadir la leche y dejar que se empape. Si fuera necesario, agregar un poquito más de leche.

A continuación, añadir las yemas batidas junto con el azúcar, la canela y finalmente las pasas.

Por último, mezclar todo bien y verter en un molde engrasado con la mantequilla. Poner sobre la superficie las almendras y espolvorear con las semillas de ajonjolí. Introducir en el horno, precalentado a 180° C (350° F) durante 30 ó 40 minutos, o hasta que esté cuajado. Desmoldar y servir.

1. Desmenuzar el bizcocho y empapar con la leche.

3. Mezclar todo bien y verter en un molde previamente engrasado con mantequilla.

2. Añadir las yemas batidas, el azúcar, la canela y las pasas.

4. Poner las almendras sobre la superficie, espolvorear con el ajonjolí y hornear hasta que esté cuajado.

— Picarones —

Ingredientes para 8-10 personas:

1/2 lb de auyama (calabaza) pelada y cortada en dados
1/2 lb de batatas o boniatos pelados y cortados en dados
1 cucharadita de sal
Una pizca de anisetes molidos
4 tazas de harina de trigo, cernida
1 cucharadita de polvo de hornear
Aceite para freír

Para la miel:
2 tazas de azúcar morena
1 taza de azúcar
2 tazas de agua
1 trozo de cáscara de limón
1 trozo de cáscara de naranja

Poner la auyama y las batatas en una olla, cubrir con agua, salar y cocinar hasta que estén tiernas. Escurrir y pasar por el pasapurés.

A continuación, agregar al puré obtenido, los anisetes, la sal y la harina. Incorporar el polvo de hornear disuelto en un poco de agua templada y amasar hasta obtener una masa consistente y homogénea.

Seguidamente, formar una bola con la masa, poner ésta en un recipiente, tapar y dejar reposar hasta que doble su volumen.

Por último, calentar abundante aceite en una sartén al fuego. Tomar cucharadas de la masa, darles forma de rosquillas y freír en el aceite bien caliente. Dejar escurrir sobre papel absorbente.

Preparar la miel mezclando todos los ingredientes en un recipiente al fuego. Cocinar lentamente, revolviendo, hasta que la mezcla esté espesa, y retirar las cáscaras de naranja y limón. Servir los picarones con la miel por encima.

2. Añadir todos los ingredientes restantes y trabajar hasta que la masa esté consistente.

3. Formar una bola, taparla con un paño y dejar reposar hasta que doble su volumen.

1. Cocinar la auyama y las batatas, escurrir y hacerlas puré.

4. Preparar rosquillas con la masa y freírlas en aceite bien caliente.

Chupe
de habas verdes

Ingredientes para 8 personas:

3 cucharadas de aceite

2 dientes de ajo picados

1 ají, sin pipas y picado (ají mirasol)

1 lb de carne de res (vaca) cortada en cubitos
muy pequeños

2 lb de habas verdes, sin vaina

1 lb de papas amarillas cortadas por la mitad

Sal

Calentar el aceite en una olla al fuego y freír ligeramente los ajos y el ají.

Añadir la carne y dorarla, dándole vueltas. Incorporar agua suficiente y cocinar a fuego bajo hasta que la carne esté tierna.

A continuación, añadir las habas y las papas. Salar y cocinar a fuego bajo hasta que todo esté tierno.

Sopa de pallares

Ingredientes para 6 personas:

1/2 lb de fríjol cabeza de gato
(pallares) puestos en remojo el día
anterior

2 papas cortadas en cubitos

3 pastillas de caldo de carne

3 cucharadas de aceite

1/2 cebolla picada

1 diente de ajo picado

1/2 cucharadita de color (pimentón)

Orégano al gusto

2 huevos batidos

1/2 taza de leche evaporada

3 cucharadas de queso parmesano

Sal

Poner los fríjoles en un olla, cubrir con agua y cocinar hasta que estén tiernos.

Mientras tanto, poner en otra olla 8 tazas de agua, las papas y las pastillas de caldo, y cocinar hasta que las papas estén tiernas.

A continuación, calentar el aceite en una sartén al fuego y freír la cebolla finamente picada y el ajo, hasta que estén tiernos. Agregar el color y orégano al gusto, revolver con una cuchara de madera y verter el sofrito en la olla de las papas.

Seguidamente, escurrir los fríjoles cocinados y añadirlos igualmente a la olla con el sofrito y las papas.

Por último, incorporar los huevos, la leche y el queso, revolver, rectificar la sazón y servir.

Sopa de yuyos

Ingredientes para 8 personas:

1 manojo de berros o similar (yuyos)

4 cucharadas de aceite

4 dientes de ajo picados

2 cebollas picadas

1 ají molido

1 pimentón (pimiento) picado

3 ramitas de perejil picado

8 trozos de pescado blanco

El jugo de 1 limón

El jugo de 1 naranja amarga

Sal

Calentar el aceite en una olla grande y rehogar las cebollas junto con los ajos, el ají y los pimentones. Cuando estén tiernos, añadir los berros ligeramente picados y el perejil. Dar unas vueltas y cubrir todo con 10 tazas de agua.

A continuación, agregar los trozos de pescado, salar y cocinar todo junto durante 15 minutos.

Por último, rociar con el jugo de limón y el de naranja, y servir.

Garbanzada

Ingredientes para 5 personas:

1 lb de garbanzos puestos en remojo el día anterior
1/2 lb de auyama (zapallo)
3 cucharadas de aceite
4 chorizos en rodajas
3 dientes de ajo picados
2 cebollas medianas, picadas
4 ajíes picados
3 pimentones (pimientos) verdes y rojos, picados
1/2 latita de pasta de tomate
4 cucharadas de vino blanco seco

Poner los garbanzos en una olla con agua y cocinar hasta que estén tiernos.

En otra olla, cocinar la auyama hasta que esté tierna.

Mientras tanto, calentar el aceite en otra olla y freír las rodajas de chorizo, hasta dorarlas. Añadir los ajos, las cebollas, los ajíes y los pimentones y rehogar todo junto.

A continuación, incorporar la pasta de tomate, los garbanzos cocinados y escurridos, un poco de agua, el vino y sal y pimienta. Escurrir la auyama, triturarla con un tenedor y añadir al preparado anterior.

Por último, revolver todo bien, y cocinar a fuego bajo durante 15 ó 20 minutos.

Fríjoles a la trujillana

Ingredientes para 6 personas:

1 lb de fríjoles (caraotas) negros, puestos en remojo el día anterior
60 g de papada de cerdo (chancho), o 1 hueso de jamón
4 cucharadas de aceite
2 dientes de ajo
1 ají molido (ají mirasol)
40 g de semillas de ajonjolí
Sal
Huevo duro y aceitunas, para acompañar

Poner en un recipiente los fríjoles con agua y la papada y cocinar hasta que estén tiernos. Escurrir el líquido y reservar los fríjoles. Cortar la papada en trocitos y reservar.

A continuación, calentar el aceite en una olla y freír los ajos junto con el ají y la papada. Salar e incorporar los fríjoles, junto con las semillas de ajonjolí, previamente tostadas y trituradas.

Por último, cocinar todo junto unos minutos, verter en una fuente y servir acompañados con huevo duro en rodajas y aceitunas.

Fríjoles escabechados

Ingredientes para 6 personas:

3 tazas de fríjoles (frejoles) puestos en remojo el día anterior
1 lb de carne de cerdo (chancho) o tocineta (tocino)
5 cebollas grandes, cortadas en rodajas gruesas
1 taza de vinagre de vino tinto
2 cucharadas de aceite
2 dientes de ajo picados
1/2 cucharadita de color (achiote)
Una pizca de comino en polvo
1 ají picado
Sal y pimienta
Arroz blanco para acompañar

Poner los fríjoles en una olla con la carne o tocineta, cubrir con agua y cocinar a fuego bajo, hasta que estén tiernos, teniendo cuidado de que no se deshagan.

Mientras tanto, poner las rodajas de cebolla en un recipiente. Cubrir con agua, salar y cocinar unos minutos. Escurrir, poner en un recipiente de cristal, cubrir con el vinagre y dejar en maceración durante 1 hora.

A continuación, cuando los fríjoles estén cocinados, retirar del fuego y cortar la carne o tocineta en cubitos pequeños.

Seguidamente, calentar el aceite en una olla y dorar la carne troceada junto con los ajos, el color, el comino, el ají, sal y pimienta.

Por último, añadir a la olla los fríjoles cocinados y sin líquido, revolver e incorporar las cebollas, escurriendo un poco del vinagre. Dejar durante unos minutos a fuego bajo y servir con arroz blanco.

Arroz del viernes

Ingredientes para 4 personas:

2 tazas de arroz
1 diente de ajo picado
1 taza de queso parmesano rallado
3 huevos
2 cucharadas de aceite
Pan rallado para el molde
Sal y pimienta
Mayonesa y ketchup para acompañar

Cocinar el arroz con 4 tazas de agua, sal, y el ajo, hasta que esté en su punto. Cuando esté listo, verter en un recipiente hondo y añadir el queso rallado, los huevos batidos por separado, el aceite y sal y pimienta.

A continuación, engrasar un molde rectangular y espolvorear con pan rallado.

Seguidamente, verter en él la mezcla e introducir en el horno, precalentado a 180° C (350° F), durante aproximadamente durante 15 minutos. Retirar del horno y servir acompañado de mayonesa y ketchup.

Arroz al queso

Ingredientes para 6 personas:

2 cucharadas de aceite
2 tazas de arroz
4 tazas de caldo de gallina
4 cucharadas de queso cheddar rallado
4 cucharadas de queso parmesano rallado
Sal

Calentar el aceite en una olla, añadir el arroz y sofreír ligeramente.

A continuación, agregar el caldo de gallina, salar si fuera necesario y cocinar hasta que el arroz haya absorbido el líquido y esté en su punto.

Por último, incorporar los diferentes tipos de queso y revolver para mezclar bien los sabores.

Servir enseguida bien caliente, decorado al gusto.

Arroz con pato

Ingredientes para 6 personas:

1 pato de 4 ó 5 libras cortado en presas
4 cucharadas de manteca
2 cebollas medianas picadas
1 tomate maduro, pelado y cortado en trocitos
1 cucharada de ají amarillo (mirasol) picado
2 ajíes frescos picados
1 diente de ajo
Comino en polvo, al gusto
1 ramita de hierbabuena picada
1 botella de cerveza negra
1 copa de pisco
4 tazas de agua caliente
1/2 lb de arvejas
1 taza de cilantro (culantro) finamente picado
1 pimentón (pimiento morrón) rojo en tiras
2 tazas de arroz
Pimienta
Sal

Calentar la manteca en una olla al fuego y rehogar las cebollas, el tomate, el ají amarillo, los ajíes frescos, el ajo, el comino y la hierbabuena.

A continuación, agregar el pato y dorarlo bien dándole vueltas con una cuchara de madera. Sazonar con sal y pimienta, añadir la cerveza, el pisco y el agua caliente, tapar y cocinar hasta que el pato esté casi tierno.

Seguidamente, agregar las arvejas, el cilantro, el pimentón en tiras y, cuando rompa a hervir, añadir el arroz, bien lavado.

Por último, cocinar a fuego bajo, tapado, hasta que el arroz esté en su punto. Servir de inmediato.

Arroz
karamanduka

Ingredientes para 4 personas:

2 tazas de arroz
2 cucharadas de aceite
1 cebolla pequeña, finamente picada
3 huevos duros cortados en rebanadas
1 ají fresco, cortado en aros
30 almejas o similar (conchas de abanico)
Mantequilla y pan tostado y molido para el molde
3 huevos
2 cucharadas de leche evaporada

Poner el arroz en un recipiente con 4 tazas de agua y sal, y cocinar hasta que esté en su punto.

Mientras tanto, calentar el aceite en una sartén y rehogar la cebolla. Cuando esté tierna, agregar los huevos duros, los aros de ají, las almejas y sal y pimienta.

A continuación, engrasar un molde con la mantequilla, espolvorear con el pan molido y verter en él la mitad del arroz cocinado. Añadir el preparado y cubrir con el arroz restante, cuidando que quede bien cerrado por todos los laterales.

Seguidamente, batir los huevos con la leche, rociar por encima del arroz, introducir en el horno con el broiler encendido, hasta que se dore y esté consistente. Desmoldar con cuidado para que no se rompa y servir decorándolo al gusto.

Arroz
a la chiclayana

Ingredientes para 8 personas:

1 1/2 tazas de aceite
4 dientes de ajo
4 ajíes amarillos (mirasol) secos, molidos
2 cebollas picadas
1 pollo cortado en presas
Cilantro (culantro) al gusto
1 vaso de aguardiente (chicha de jora)
10 tazas de agua hirviendo
4 tazas de arroz
Pimienta
Sal

Calentar el aceite en una olla grande y rehogar los ajos con los ajíes y las cebollas. Cuando estén dorados, agregar el pollo, sazonar con sal y pimienta y dorar las presas, junto con el cilantro.

A continuación, rociar con la chicha y 10 tazas de agua y cocinar hasta que el pollo esté tierno.

Seguidamente, retirar las presas de pollo, e incorporar el arroz. Cocinar hasta que esté casi en su punto.

Por último, incorporar las presas de pollo y terminar la cocción, a fuego bajo, hasta que esté en su punto y jugoso. Servir de inmediato.

Arroz
con espinacas

Ingredientes para 8 personas:

3 cucharadas de aceite
1/2 cebolla, rallada
2 tazas de arroz
2 tazas de caldo
2 tazas de espinacas licuadas
Queso parmesano rallado al gusto
Pimienta
Sal

Calentar el aceite en una olla y rehogar la cebolla hasta que esté transparente. Añadir el arroz y revolver bien.

A continuación, agregar el caldo, las espinacas licuadas con un poco de agua y sal. Revolver y cocinar a fuego bajo hasta que el arroz esté en su punto y haya absorbido el caldo.

Por último, espolvorear con el queso parmesano y servir.

Berenjenas cuzqueñas

Ingredientes para 6 personas:

2 1/2 lb de berenjenas
Harina de trigo
6 huevos
100 g de queso parmesano rallado
1 bolsa de papas fritas
Aceite para freír
Sal

Pelar las berenjenas y cortarlas en rebanadas. Poner en un colador, espolvorear con sal y dejarlas reposar durante 30 minutos. Lavarlas, y secarlas. Batir los huevos en un recipiente. Verter en un plato la harina, en otro el queso rallado y en otro las papas, triturándolas. Pasar las berenjenas por harina, a continuación por huevo, después por queso y finalmente por las papas trituradas.

Por último, freír en aceite hasta que estén doradas, escurrir sobre papel absorbente y servir con mayonesa, si se desea.

Pastel de alcachofas

Ingredientes para 8 personas:

12 alcachofas grandes
1 cucharada de harina de trigo
El jugo de 1/2 limón
1/2 taza de aceite
2 cebollas grandes picadas
3 dientes de ajo picados
7 huevos
1/4 de pan de molde, sin corteza y remojado en 1/2 taza de leche
1 taza de queso parmesano rallado
Hojas de poleo fresco, picado
Sal y pimienta

Limpiar las alcachofas, retirando todas las hojas externas, hasta que quede el corazón. Cortarlas por la mitad, retirar la pelusilla central y cortarlas en tajaditas finas. Ponerlas en un recipiente con agua con la cucharada de harina y el jugo de limón.

A continuación, calentar el aceite en una sartén al fuego y rehogar las cebollas y los ajos hasta que estén transparentes. Añadir las alcachofas, sazonar con sal y pimienta y cocinar a fuego bajo para que no se tuesten, hasta que estén tiernas. Retirar del fuego y dejar enfriar.

Seguidamente, verter en un recipiente los huevos, batirlos y añadir el pan remojado y triturado, el queso, el poleo y las alcachofas. Mezclar todo bien y verter en un molde engrasado.

Por último, introducir en el horno, precalentado a 180° C (350° F) hasta que el pastel esté cuajado. Puede servirse frío o caliente.

Ocopa arequipeña

Ingredientes para 4 personas:

1 lb de papas, peladas
6 ajíes amarillos (mirasol)
1 cebolla
3 dientes de ajo
1 lb de camarones
1 taza de aceite
1 cucharada de hierbabuena (huacatay)
2 cucharadas de jugo de limón
1/2 taza de nueces
1/2 taza de queso fresco desmenuzado
1 taza de leche evaporada
Pimienta
Sal

Para decorar:

2 huevos duros en rodajas
8 aceitunas verdes rellenas
Hojas de lechuga

Cocinar las papas en agua con sal hasta que estén tiernas, escurrir y cortar en rodajas gruesas.

Mientras tanto, asar sobre una plancha, los ajos, la cebolla y los ajíes. Separar las cabezas de los camarones crudos, y reservar por separado.

Calentar la mitad del aceite en una sartén y freír las cabezas de los camarones junto con las hierbabuena.

Poner en la licuadora los ajíes, sin semillas, la cebolla y los ajos asados junto con el jugo de limón y un chorrito de aceite, y licuar. Añadir las cabezas de camarón fritas y licuar de nuevo hasta que todo esté pulverizado, y pasar por un tamiz.

Seguidamente, lavar la licuadora, y poner de nuevo en ella el preparado anterior, una vez tamizado. Agregar las nueces, el queso y la leche y licuar hasta obtener una salsa ligera. Sazonar con sal y pimienta.

Por último, pelar las colas de camarón y cocinar en agua con sal durante unos minutos. Escurrir y reservar.

Para servir, poner en una fuente las hojas de lechuga y sobre éstas, las papas. Rociarlas con la salsa preparada y decorar con las colas de camarón, los huevos y las aceitunas.

Picante de yuca

Ingredientes para 6 personas:

2 1/2 lb de yuca pelada
1/2 lb de queso fresco desmenuzado (queso Münster rallado)
10 ajíes grandes o pimentones picantes, sin semillas y cortados en trocitos
1 taza de aceite
Sal y pimienta
Lechuga y aceitunas para decorar

Poner la yuca en una olla con agua y sal y cocinar durante 30 minutos o hasta que esté tierna.

Mientras tanto, poner el queso en la licuadora junto con los ajíes y el aceite, y licuar hasta formar un puré.

Seguidamente, cortar la yuca en rebanadas y colocarlas en una fuente de servir, cubrir con la salsa preparada y decorar con la lechuga y las aceitunas.

Aspic de palta

Ingredientes para 8 personas:

3 aguacates (paltas), pelados y triturados
2 cucharadas de crema de leche
2 cucharadas de cebolla rallada
3 huevos duros
1 cucharadita de jugo de limón
1/2 cucharada de cilantro (culantro) fresco, picado
1/2 taza de vino blanco seco
Ají al gusto
2 cucharadas de gelatina sin sabor
Sal

Licuar los aguacates junto con la crema de leche, la cebolla, las yemas de los huevos, el jugo de limón, el cilantro, el vino, ají al gusto y sal.

A continuación, disolver la gelatina en un poquito de agua caliente y agregar a la mezcla anterior.

Seguidamente, engrasar con aceite un molde de corona, verter en él la mezcla e introducir en el refrigerador, hasta que esté cuajado.

Por último, desmoldar y decorar con las claras de huevo, picadas.

Papas al ajo

Ingredientes para 4 personas:

2 1/2 lb de papas blancas peladas
4 dientes de ajo pelados
4 cucharadas de mantequilla derretida
4 cucharadas de queso parmesano rallado
Sal y pimienta

Poner las papas en un recipiente al fuego con abundante agua con sal y cocinar hasta que estén tiernas, pero teniendo cuidado para que no se deshagan. Escurrir y cortar en rebanadas gruesas.

A continuación, engrasar un recipiente refractario. Cortar por la mitad 1 ajo y restregarlo por todo el interior del recipiente.

Seguidamente, picar los ajos restantes y mezclar con la mantequilla previamente derretida. Sazonar con sal y pimienta.

Por último, colocar las papas en el recipiente. Rociar con la mantequilla preparada, espolvorear con el queso e introducir en el horno, con el broiler encendido hasta que toda la superficie esté bien dorada.

Quiche
con frutos de mar

Ingredientes para 6 personas:

1/2 lb de harina de trigo
2 cucharaditas de azúcar
1/4 cucharadita de sal
110 g de mantequilla
1 cucharadita de jugo de limón
4 cucharadas de agua helada

Para el relleno:

3 cucharadas de mantequilla
1 cebolla pequeña
1 diente de ajo picado
2 cucharadas de vermouth seco
3 huevos
1 taza de crema de leche
1 cucharada de pasta de tomate
1 taza de pulpa de cangrejo, camarones o langosta cocidos

Sal y pimienta
1/4 taza de queso Gruyere rallado

En la mesa de trabajo cerner la harina con el azúcar y la sal, incorporarle la mantequilla con el mezclador. Agregar el jugo de limón y el agua helada suficiente para formar una masa suave y homogénea. Refrigerar la masa cubierta por una hora.

Extender la masa, forrando un molde redondo desarmable de 23 cm de diámetro. Cubrir la superficie con papel vegetal y distribuir unos fríjoles encima (para evitar que la masa se infle). Introducir en el horno, precalentado a 200° C (400° F) durante 10 minutos; retirar y enfriar.

Mientras tanto, preparar el relleno: en una sartén freír en mantequilla la cebolla con el ajo. Dorar ligeramente, añadir el vermouth y reducir; sazonar y enfriar.

A continuación, mezclar los huevos con la pasta de tomate, agregar la crema, el fruto de mar escogido y sazonar. Verter encima de la masa, espolvorear con queso e introducir en el horno, precalentado a 180° C (375° F) durante 30 minutos.

Ensalada
variada

Ingredientes para 6 personas:

3 aguacates (paltas)
El jugo de 1 limón
1 taza de granos de maíz hervidos
1 lechuga bien limpia y cortada en trozos
1 taza de arvejas de lata
18 espárragos o palmitos en conserva

Para el aderezo:

2 cucharadas de vinagre
4 cucharadas de vino blanco seco
10 cucharadas de aceite
1/2 cucharadita de mostaza
1/2 cucharadita de salsa inglesa

1 cucharadita de azúcar
1/2 cucharadita de albahaca (opcional)
Sal

Pelar los aguacates, retirar el hueso y cortar en dados o formar bolitas con una cuchara o aparato especial. Rociar con jugo de limón para que no se ennegrezcan y poner en una fuente de servir.

A continuación, añadir los granos de maíz, la lechuga, las arvejas y los espárragos o palmitos, cortados en rebanadas gruesas.

Seguidamente, poner todos los ingredientes del aderezo en un frasco. Tapar y agitar bien para que se mezclen los sabores.

Por último, rociar sobre las verduras y servir.

Ensalada de
choclos

Ingredientes para 6 personas:

4 choclos
1 cucharada de azúcar
1 pimentón (pimiento) rojo
1 taza de mayonesa
3 cebollas japonesas (china)
2 cucharadas de ketchup

Poner en una olla con agua y el azúcar, los choclos y cocinar hasta que estén tiernos. Escurrirlos, dejarlos enfriar y desgranar con un cuchillo.

A continuación, poner en un recipiente, añadir el pimentón previamente picado, la mayonesa, las cebollas, cortadas en lonchitas y el ketchup. Revolver todo bien y servir.

Huevos en salsa de hígados

Ingredientes para 6 personas:

6 huevos
6 tajadas de pan, tostadas
1/2 lb de higaditos de pollo
4 cucharadas de mantequilla
1 taza de caldo de gallina, hecho con un cubito
1 cucharadita de harina de trigo
1 cucharada de perejil fresco, finamente picado
Vinagre
Sal

Verter abundante agua con un chorro de vinagre en una olla ancha y baja y poner a hervir.

A continuación, romper un huevo en un platito y deslizarlo cuidadosamente en el agua hirviendo. Cocinar 3 minutos y retirar con una espumadera. Ir colocando los huevos, una vez escalfados, sobre las tajadas de pan, previamente tostadas.

Seguidamente, lavar y cortar los higaditos en trocitos. Calentar 2 cucharadas de mantequilla en una sartén y sofreírlos ligeramente.

Por último, preparar una salsa con la mantequilla restante, la harina, y el caldo. Cocinar unos minutos hasta que espese. Añadir los higaditos y el perejil, rectificar la sazón y cocinar unos minutos. Verter la salsa sobre los huevos y servir.

Cebiche de huevos

Ingredientes para 6 personas:

12 huevos
1 lb de cebollas
El jugo de 4 ó 5 limones
1 rocoto picado
1 ají en tiras
2 choclos hervidos y cortados en rodajas
2 lb de batatas (camotes) hervidas

Cocinar los huevos en agua durante 15 minutos, hasta que estén duros.

A continuación, escurrir los huevos, refrescarlos bajo el chorro del agua fría, pelarlos y cortarlos por la mitad en sentido longitudinal.

Poner las cebollas, previamente picadas en un recipiente. Añadir el jugo de limón, el rocoto, el ají y sal y revolver todo bien para que se mezclen los sabores.

Seguidamente, colocar los huevos en una fuente de servir, y cubrir con el aderezo preparado. Decorar con los choclos y servir con las batatas hervidas.

Mousse de palta y camarones

Ingredientes para 6 personas:

6 hojas de cola de pescado (colapiz)
2 aguacates (paltas) grandes
1/2 taza de mayonesa
1 cucharada de jugo de limón
1 zanahoria pequeña, rallada
1/2 cucharada de perejil fresco, finamente picado
1 cucharada de cebolla finamente picada
1 taza de crema de leche
1 lb de camarones previamente hervidos y pelados
3/4 taza de mayonesa
2 huevos duros picados
1 cucharada de alcaparras picadas
1 cucharada de perejil fresco, picado
1 cucharada de encurtidos (pickles)
Pimienta
Sal

Poner en un recipiente las hojas de cola de pescado con un poco de agua fría. Cuando esté suave, escurrir y derretir a fuego bajo.

A continuación, pelar los aguacates, triturarlos y mezclar con la mayonesa y el jugo de limón. Poner todo en un recipiente, añadir la zanahoria, el perejil, la cebolla y la cola de pescado disuelta. Incorporar la crema y verter todo en un molde de corona, humedecido con agua.

Seguidamente, introducir en el refrigerador y dejar varias horas, hasta que cuaje.

Por último, desmoldar en una fuente y en el hueco central, poner todos los ingredientes restantes, previamente mezclados.

Pejerrey relleno

Ingredientes para 4 personas:

4 pescados pequeños (pejerrey, lisa, liza, mújol)
1/2 lb de papas, cocidas y hechas puré
1/4 taza de leche caliente
2 cucharadas de mantequilla
1 ají fresco, picado
1 cucharada de perejil fresco, picado
1/2 taza de harina de trigo
1 huevo ligeramente batido
1/2 taza de miga de pan desmenuzada
Aceite para freír
Pimienta
Sal

Una vez preparado el puré de papa, agregar la leche, la mantequilla, el ají y el perejil. Sazonar con sal y pimienta, y revolver bien hasta que la mezcla esté homogénea.

A continuación, limpiar y lavar los pescados. Secarlos, sazonar con sal y pimienta y rellenarlos con el puré preparado anteriormente.

Asegurar la abertura con unos palillos para que no se salga el relleno.

Seguidamente, pasar los pescados por harina, a continuación por el huevo y seguidamente por la miga de pan.

Por último, freír en aceite caliente, a fuego medio, hasta que estén dorados. Servir con ensalada.

Flan de atún

Ingredientes para 4 personas:

2 latas de atún de 1/4 lb cada una
2 cebollas finamente picadas
2 pimentones (pimientos) picados
8 galletas saladas
1 taza de leche
5 huevos
4 cucharadas de aceite
2 cucharadas de polvo de hornear
4 cucharadas de mantequilla

Poner en un recipiente grande el atún, las cebollas, los pimentones, las galletas desmenuzadas, la leche, las yemas de los huevos, el aceite y el polvo de hornear y mezclar todo bien.

A continuación, batir las claras a punto de nieve, e incorporar al preparado anterior, mezclándolas con movimientos envolventes.

Seguidamente, verter en un molde, previamente engrasado y poner trocitos de mantequilla por toda la superficie.

Por último, introducir en el horno, precalentado a 180° C (350° F), durante 15 minutos o hasta que esté bien cuajado. Servir con ensalada.

Chupe de camarones

Ingredientes para 4 personas:

2 cucharadas de aceite
1 cebolla finamente picada
3 dientes de ajo machacados
1 tomate pelado y picado
1 choclo cortado en 4 trozos
1/2 taza de arvejas tiernas
1/4 taza de arroz
1 lb de papas peladas y cortadas en trozos
1 lb de camarones limpios
4 filetes de pescados
1 taza de leche evaporada
1 cucharada de perejil fresco, picado
Orégano al gusto
Aceite para freír
Sal y pimienta

Poner en una olla las 2 cucharadas de aceite y sofreír la cebolla junto con el ajo y el tomate. Agregar el choclo y 4 tazas de agua hirviendo.

A continuación, incorporar las arvejas, el arroz y las papas. Sazonar con sal y pimienta y cocinar hasta que las papas estén tiernas.

Seguidamente, añadir los camarones y cocinar durante 10 minutos.

Mientras tanto, freír los filetes de pescado, previamente sazonados con sal y pimienta.

Por último, añadir al guiso la leche, el perejil y orégano al gusto. Agregar el pescado frito, rectificar la sazón y servir.

Pescado oriental

Ingredientes para 6 personas:

| 2 1/2 lb de pescado blanco cortado en filetes |
| 4 cucharadas de mantequilla |
| 1/2 cebolla rallada |
| 2 tomates maduros, pelados y picados |
| 1 hoja de laurel |
| Tomillo al gusto |
| 1 cucharadita de salsa inglesa |
| 1 1/2 tazas de leche |
| 1 taza de caldo de pescado |
| 2 1/2 cucharadas de harina de trigo |
| 1 cucharadita de curry en polvo |
| Sal |

Derretir 2 cucharadas de mantequilla en una olla al fuego y sofreír la cebolla junto con el tomate. Agregar el laurel, el tomillo y la salsa inglesa. Incorporar 1 taza de leche y 1/2 taza de caldo, salar y colocar los filetes de pescado en la olla.

A continuación, cocinar durante unos minutos, retirar el pescado y pasar la salsa por un colador. Reservar.

Derretir en una sartén la mantequilla restante. Agregar la harina cernida, y revolver para que no se formen grumos. Incorporar la leche y el caldo restantes y cuando rompa a hervir, agregar la salsa reservada y el curry disuelto en un poquito de agua. Colocar de nuevo el pescado y cocinar 4 ó 5 minutos aproximadamente, para que la salsa espese. Servir enseguida.

Pescado al culantro

Ingredientes para 4 personas:

| 4 filetes grandes de pescado blanco |
| 1 manojo de cilantro fresco (culantro) |
| 1/2 cucharadita de mostaza |
| 1 cucharada de jugo de naranja |
| 1 cucharada de aceite |
| Sal y pimienta |

Lavar bien el cilantro, desechar los tallos gruesos, picarlo y verter en el vaso de la licuadora. Añadir la mostaza, el jugo de naranja y el aceite, y licuar hasta conseguir un puré. Verter en un recipiente y sazonar con sal y pimienta.

A continuación, salar los filetes de pescado y cocinarlos a la plancha hasta que estén dorados por ambos lados y cocinados por dentro.

Por último, ponerlos en una fuente y cubrir la superficie con la salsa preparada. Servir bien calientes.

Soufflé de pescado

Ingredientes para 4 personas:

| 1 lb de pescado blanco cocido, sin espinas y desmenuzado |
| 2 cucharadas de mantequilla |
| 2 cucharadas de harina de trigo, cernida |
| 1/2 taza de leche evaporada |
| 1 cucharada de cebolla rallada |
| 4 cucharadas de queso parmesano rallado |
| 2 huevos |
| Sal y pimienta |

Derretir la mantequilla en una sartén al fuego, agregar la harina y revolver continuamente para que no se formen grumos. Añadir la leche, poco a poco, la cebolla y sazonar con sal y pimienta. Cocinar, sin dejar de revolver, hasta que espese, e incorporar el pescado, el queso y las yemas de huevo. Retirar del fuego.

A continuación, batir las claras a punto de nieve y agregarlas a la mezcla anterior, con movimientos envolventes.

Seguidamente, engrasar un molde refractario con mantequilla, verter en él la preparación e introducir en el horno, precalentado a 180° C (350° F) hasta que al introducir un cuchillo, éste salga limpio, aproximadamente 40 minutos. Servir con mayonesa o salsa rosada.

Aguadito de pollo

Ingredientes para 6 personas:

1/3 taza de aceite
1 cebolla picada
1 diente de ajo picado
Comino al gusto
1 pollo cortado en presas
1 taza de arvejas
7 tazas de agua
1 taza de hojas de cilantro (culantro)
2 ajíes frescos
1 taza de arroz
6 papas amarillas peladas
Pimienta
Sal

Calentar el aceite en una olla grande al fuego, añadir la cebolla finamente picada, el diente de ajo y el comino y sofreír durante unos minutos. Sazonar con sal y pimienta al gusto, añadir las presas de pollo y freír hasta que éstas estén bien doradas.

A continuación, agregar las arvejas, tapar el recipiente y cocinar durante 10 minutos.

Seguidamente, añadir el agua, el cilantro (reservando 2 cucharadas de hojas picadas) licuado junto con los ajíes y, cuando rompa a hervir, incorporar el arroz previamente lavado y las papas. Cocinar todo junto hasta que el pollo y las papas estén tiernos y servir.

Escabeche de gallina

Ingredientes para 8 personas:

1/2 taza de aceite
2 cebollas cortadas en aros finos
2 dientes de ajo picados
2 hojas de laurel
1 cucharada de ají fresco molido
2 ajíes frescos cortados en tiritas
Orégano al gusto
1/2 taza de vinagre
1 taza de vino blanco seco
1 gallina cortada en presas y cocida
Sal y pimienta

Calentar el aceite en una olla grande y sofreír ligeramente la cebolla, el ajo y el laurel.

A continuación, añadir los ajíes molidos y picados, sazonar con sal, pimienta y orégano y añadir la gallina. Cocinar 10 ó 15 minutos a fuego bajo y servir.

Cariucho de pollo

Ingredientes para 8 personas:

3 lb de papas peladas
1 pollo asado y cortado en 8 presas
2 cucharadas de mantequilla
1/2 cebolla mediana, pelada y finamente picada
1 zanahoria
1 taza de leche
1 cucharadita de fécula de maíz
Pimienta
Sal

Para acompañar:
Hojas de lechuga
2 aguacates (paltas) cortados en cuartos
2 huevos duros pelados y cortados en cuartos
1 cucharada de perejil fresco, finamente picado

Cocinar las papas en agua con sal hasta que estén tiernas. Escurrir y mantener calientes.

Mientras tanto, calentar la mantequilla en una sartén al fuego y sofreír la cebolla.

A continuación, licuar la zanahoria junto con la leche y la fécula de maíz y añadir a la cebolla. Sazonar con sal y pimienta al gusto y cocinar revolviendo con una cuchara de madera, hasta que espese. Retirar del fuego.

Por último, poner en cada plato una hoja de lechuga, 2 papas y cubrirlas con un poco de la salsa preparada. Añadir una presa de pollo y decorar con el aguacate, el huevo y el perejil picado.

Pastel de pollo con jamón

Ingredientes para 6 personas:

12 tajadas de pan de molde, sin
corteza y untadas con mantequilla

1 taza de jamón picado

2 pechugas de pollo cocidas y
desflecadas

1 taza de espárragos enlatados,
cortados en trocitos

1/2 taza de champiñones fileteados

1 taza de queso parmesano rallado

5 huevos

1 taza de crema de leche

1 taza de leche

Mantequilla

Sal

Enmantequillar un molde refractario
hondo y rectangular, y colocar en el
fondo la mitad de las tajadas de pan.
Poner sobre el pan, el jamón, el pollo,
los espárragos y los champiñones,
previamente sofritos en mantequilla.
Seguidamente, espolvorear con un
poco de queso y cubrir con las tajadas de pan restantes.
Por último, batir los huevos con la
crema de leche, la leche, y el queso
restante. Verter la preparación sobre
el molde e introducir en el horno,
precalentado a 180° C (350° F) durante 30 minutos aproximadamente.
Servir caliente.

Pollo al vino

Ingredientes para 6 personas:

6 presas grandes de pollo, adobadas

6 cucharadas de mantequilla

3 cucharadas de aceite

4 dientes de ajo finamente picados

1/2 cebolla rallada

2 cucharadas de harina de trigo

1 taza de caldo

3/4 taza de vino tinto

1/2 taza de salsa de tomate

3 cucharadas de crema de leche

2 cucharadas de perejil fresco, picado

Sal y pimienta

Calentar el aceite y la mantequilla en
una olla y freír las presas de pollo.
Cuando estén bien doradas, retirar y
reservar aparte.
A continuación, en la grasa que haya
quedado en la olla, sofreír los ajos y la
cebolla. Añadir la harina, revolver
bien para que no se formen grumos
e incorporar el caldo, el vino y la salsa
de tomate. Cocinar, revolviendo de
vez en cuando, hasta que la salsa espese ligeramente.
Seguidamente, añadir las presas de
pollo, tapar y cocinar a fuego bajo,
hasta que el pollo esté tierno.
Por último, justo antes de servir, agregar la crema de leche, mezclar todo
bien y servir espolvoreado con el perejil picado.

Ocopa de pichones

Ingredientes para 6 personas:

6 pichones de 1/2 lb cada uno cortados
por la mitad

4 cebollas cortadas en rodajas finas

4 tomates medianos cortados en
rodajas finas

1 ají grande rojo o 2 pequeños, puesto
en remojo

2 cebollas cortadas en rodajas gruesas
de unos 2 cm

4 cucharadas de aceite

1/2 lb de queso fresco o blanco

1 taza de nueces

Leche

6 huevos duros

6 papas medianas cocidas

Sal y pimienta

Colocar las 4 cebollas en una olla
grande de fondo resistente, cubrien-
do todo el fondo. Disponer encima
los pichones y colocar una capa de
rodajas de tomate sobre ellos. Tapar
la olla con papel de aluminio, y sobre
éste poner la tapa y cocinar a a fuego
muy bajo durante 2 horas, agitando
de vez en cuando la olla para que el
contenido no se queme. Retirar del
fuego, dejar enfriar, deshuesar los pichones y reservar el jugo de la olla.
A continuación, calentar el aceite en
una olla y freír las rodajas gruesas de
cebolla, a fuego bajo, dándoles la
vuelta hasta que estén doradas por
ambos lados. Poner en la licuadora
junto con el aceite de la olla, la carne
de los pichones y el jugo. Escurrir el
ají y añadir a la licuadora. Cuando todo esté bien batido, incorporar el
queso y las nueces, batir y agregar un
poco de leche sin fuera necesario.
Debe quedar con la consistencia de
una mayonesa ligera.
Por último, colocar en una fuente los
huevos, cortados en mitades en sentido longitudinal, y las papas. Cubrir
con la salsa preparada y servir.

Tomalitos verdes

Para 16 tomalitos:

1 lb de choclos desgranados
1/2 lb de manteca de cerdo (chancho)
1 cebolla mediana, finamente picada
2 dientes de ajo machacados
1 cucharadita de ají verde molido
1/2 taza de cilantro (culantro) molido
Pimienta
Sal

Para el relleno:

1/2 lb de carne de cerdo (chancho) cocida y cortada en cubitos
2 ajíes verdes cortados en tiritas
2 huevos duros, cortados en tajadas
16 aceitunas verdes rellenas
Hojas de choclo (pancas) escaldadas en agua hirviendo

Licuar los choclos con un poquito de leche, cerner y poner en una olla.

A continuación, calentar la manteca y sofreír la cebolla junto con el ajo y el ají molido. Vaciar el sofrito sobre el puré de choclo, añadir el cilantro, sazonar con sal y pimienta y cocinar, revolviendo, hasta que el preparado esté brillante y espeso.

Seguidamente, poner sobre cada hoja un poco de masa de choclo, agregar 1 cubito de carne de cerdo, una tirita de ají, una tajada de huevo y una aceituna. Cubrir con masa, envolver y amarrar con hilo.

Por último, cocinar al vapor durante 30 minutos y servir caliente.

Chicharrones

Ingredientes para 8 personas:

2 lb de carne de cerdo (chancho)
8 batatas (camote) cocidas sin piel
Sal

Lavar la carne, secarla bien y cortarla en cubitos regulares. Ponerla en una olla, salar y cubrir con agua.

A continuación, cocinar a fuego bajo hasta que la carne esté tierna y el agua se consuma.

Seguidamente, dorar la carne en su propia grasa.

Mientras se cocina la carne, cocinar las batatas y servir ambas con salsa a su elección.

Ensalada de patitas

Ingredientes para 4 personas:

4 pezuñas (patitas) de cerdo (chancho)
1 lb de papas
1/2 taza de vinagre
2 cucharadas de jugo de limón
4 cucharadas de aceite
4 cucharadas de ají molido
1 cebolla mediana picada
Pimienta
Sal
Lechuga y rábanos, bien limpios para acompañar

Poner las pezuñas bien limpias en una olla al fuego, sazonar con sal y pimienta al gusto, cubrir con agua y cocinar hasta que estén tiernas.

Mientras tanto, cocinar las papas, peladas pero enteras, en agua con sal hasta que estén tiernas.

A continuación, deshuesar las pezuñas y cortarlas en trocitos. Poner en un recipiente hondo y agregar el vinagre, el limón, el aceite, el ají y la cebolla; sazonar con sal y pimienta y revolver todo bien.

Por último, cubrir el fondo de una fuente con las hojas de lechuga, poner sobre ellas las papas cocinadas, cortadas en rodajas gruesas y sobre éstas, las pezuñas aderezadas. Acompañar con los rábanos cortado en rodajas.

Pastel de carne

Ingredientes para 6 personas:

1 lb de carne molida de res
1 lb de carne molida de cerdo (chancho)
1/2 cebolla rallada
2 cucharadas de perejil fresco, finamente picado
1 cucharada de mostaza
2 cucharadas de salsa inglesa
4 cucharadas de salsa de tomate
4 cucharadas de mantequilla derretida
2 yemas de huevo
Sal y pimienta

Poner las carnes en un recipiente hondo y añadir todos los ingredientes restantes, poco a poco, mezclando todo bien hasta que quede con una consistencia homogénea.

A continuación, engrasar un molde rectangular refractario y verter en él la mezcla. Alisar la superficie e introducir en el horno, precalentado a 180° C (350° F) durante 1 hora aproximadamente.

Por último, cortar en rebanadas y servir caliente o frío, con ensalada al gusto.

Estofado

Ingredientes para 6 personas:

2 1/2 lb de carne de res o cerdo (chancho), cortada en cubitos
4 cucharadas de mantequilla
2 dientes de ajo picados
1/2 cebolla finamente picada
2 tazas de caldo de carne
1 copa de vino tinto (opcional)
3 papas cortadas en cubitos
1/2 lb de zanahorias cortadas en rodajas
1/2 lb de habichuelas (vainitas) cortadas en trozos
1 cucharada de harina de trigo
Sal y pimienta

Derretir la mantequilla en una olla al fuego y sofreír los ajos y la cebolla. Cuando esta última esté transparente, agregar la carne y freír hasta que esté dorada.

A continuación, añadir el caldo y el vino. Tapar y cocinar a fuego bajo durante 45 minutos.

Seguidamente, incorporar las papas, las zanahorias y las habichuelas. Sazonar con sal y pimienta al gusto y continuar la cocción hasta que todos los ingredientes estén tiernos.

Por último, agregar la harina disuelta en un poquito de agua, revolver bien y cocinar durante unos minutos para que la salsa espese ligeramente. Servir bien caliente.

Chancho especial

Ingredientes para 6-8 personas:

3 1/2 lb de lomo de cerdo (chancho) cortado en rebanadas de 1 cm de grosor
4 cucharadas de mantequilla o margarina
1 cebolla pequeña, rallada
3 cucharadas de pasta de tomate
1 cucharada de mostaza
2 cucharadas de vinagre
1 cucharadita de azúcar
2 tazas de caldo
1 hoja de laurel
1 taza de champiñones enlatados
2 cucharadas de mantequilla
1 cucharada de harina de trigo
1/2 taza de vino blanco seco
Sal y pimienta

Calentar la mantequilla en una olla al fuego y freír las rebanadas de lomo, previamente sazonadas, por ambos lados. Retirar y reservar.

A continuación, en la misma grasa, sofreír la cebolla. Añadir la pasta de tomate, la mostaza, el vinagre, el azúcar y el caldo. Incorporar la carne y el laurel. Sazonar con sal y pimienta, tapar y cocinar a fuego bajo durante 30 minutos.

Mientras tanto, rehogar los champiñones con la mantequilla, durante unos minutos.

Por último, incorporar la harina disuelta en un poquito de agua, los champiñones y el vino, mezclar bien y cocinar unos minutos para que la salsa espese y servir.

Mousse de lúcumas

Ingredientes para 6 personas:

180 g de azúcar
4 claras de huevo
2 tazas de pulpa de ciruelas (lúcumas) licuada formando un puré espeso
1 taza de crema de leche
8 hojas de cola de pescado (colapiz)
Crema inglesa para acompañar

Poner en una olla al fuego el azúcar con agua para que quede cubierta y cocinar hasta formar un almíbar de punto de hilo.

Mientras tanto, batir las claras a punto de nieve. Incorporarles el almíbar preparado, batiendo constantemente hasta que se enfríe el preparado.

A continuación, añadir el puré de ciruela, la crema de leche y la cola de pescado previamente disuelta en un poco de agua. Mezclar todo bien.

Seguidamente, verter en un molde rectangular, humedecido, y refrigerar hasta que cuaje. Cuanto más tiempo esté en el refrigerador, mejor.

Por último, desmoldar la mousse y servir acompañada de crema inglesa o al gusto.

Bizcocho de zapallo

Ingredientes para 6 personas:

1 1/2 tazas de auyama (zapallo) cocida y machacada
2 cucharadas de margarina o mantequilla, derretida
1 cucharadita de jengibre en polvo
1 cucharadita de canela en polvo
1/4 cucharadita de clavo de olor en polvo
2 huevos
2 cucharadas de harina de trigo
1/2 taza de azúcar morena
1/2 taza de azúcar blanca
1 taza de leche
Una pizca de sal

Mezclar en un recipiente la auyama con la margarina, el jengibre, la canela y el clavo de olor.

A continuación, batir los huevos hasta que estén esponjosos. Añadir la harina, las dos clases de azúcar, la leche y la sal y, cuando la mezcla esté homogénea, incorporarla a la auyama anteriormente preparada.

Seguidamente, verter en un molde engrasado e introducir en el horno, precalentado a 230° C (425° F) durante 15 minutos. Bajar la temperatura del horno a 190° C (375° F) y cocinar 45 minutos más. Servir frío o caliente.

Mazamorra morada

Ingredientes para 6-8 personas:

6 tazas de agua
2 tazas de azúcar
6 clavos de olor
1 astilla de canela de 7 cm
2 manzanas peladas y cortadas en rodajas
1/2 lb de moras
1/2 piña pequeña, pelada, sin corazón y cortada en trocitos
2 membrillos, pelados y cortados en rodajas
2 peras, peladas y cortadas en rodajas
2 melocotones deshuesados, pelados y cortados en rodajas
1 lb de cerezas, deshuesadas
1/2 lb de albaricoques secos
1/2 lb de melocotones secos
4 cucharadas de fécula de maíz (maizena)
El jugo de 2 limones
Canela molida (opcional)

Poner el agua en una olla grande, añadir todos los ingredientes, excepto la fécula de maíz, el jugo de limón y la canela molida, y cocinar a fuego muy bajo, hasta que todas las frutas estén tiernas, durante aproximadamente 15 minutos.

A continuación, retirar de la olla los clavos de olor y la astilla de canela y añadir la fécula de maíz previamente disuelta en un poco de agua. Cocinar hasta que el líquido espese, agregar el jugo de limón y revolver con una cuchara de madera para mezclar bien.

Por último, dejar enfriar la compota y, si lo desea, servir espolvoreada de canela molida.

Mazamorra de chuño de chocolate

Ingredientes para 6 personas:

4 tazas de leche

5 tabletas de chocolate

1 cajita de fécula de maíz (maizena)

Esencia de vainilla

Poner una olla al fuego con la leche y calentar. Cuando rompa a hervir, añadir el chocolate y cocinar revolviendo, hasta que se deshaga.

A continuación, diluir la fécula de maíz en un poquito de leche y agregarla al preparado anterior. Cocinar, sin dejar de revolver durante 10 minutos, hasta que la mezcla espese. En el último instante, añadir la esencia de vainilla, retirar del fuego y dejar enfriar antes de servir.

Flan de leche

Ingredientes para 10 personas:

1 lata grande de leche condensada

4 huevos

1 1/2 tazas de leche

1 cucharadita de esencia de vainilla

Para el caramelo:

1/4 taza de agua

1/4 taza de azúcar

Poner en la licuadora la leche condensada, los huevos, la leche y la esencia de vainilla.

A continuación, verter en un molde el agua y el azúcar. Llevar al fuego y cuando se caramelice, retirar el molde del fuego y mover para que el caramelo moje todos los lados. Dejar enfriar.

Seguidamente, verter el preparado de leche en el molde y tapar herméticamente con papel de aluminio.

Por último, cocinar al baño María durante 45 minutos, a fuego medio. Destapar e introducir la hoja de un cuchillo, en el centro para ver si está cuajado. Debe salir limpia. Dejar enfriar y desmoldar.

Dulce de queso

Ingredientes para 8 personas:

7 huevos

1 lb de azúcar

1 lb de queso fresco, rallado

Mantequilla para engrasar el molde

Harina de trigo para el molde

Separar las claras de las yemas y batir las primeras a punto de nieve. Añadir, una a una las yemas, sin dejar de batir. A continuación, incorporar el azúcar, poco a poco y, finalmente, el queso rallado.

Por último, engrasar un molde con mantequilla, y espolvorear con harina para que no se pegue el preparado. Verter en el molde la mezcla e introducir en el horno, precalentado a 250° C (500° F) durante 45 minutos. Desmoldar y servir decorándolo al gusto.

Glosario

Abacaxi: Ananá, piña.
Abadejo: Bacalao, mojito, reyezuelo.
Abridero: Durazno, gabacho, melocotón, pavia.
Aceitunas: Olivas.
Achín: Ñame.
Achiote: Axiote, bijol, color, onoto, pimentón.
Achuras: Despojos, menudos.
Aguacate: Avocado, chuchi, palta.
Aguayón: Cadera, tapa.
Ahogado: Guiso, hogado, hogao, hogo, refrito, riojo, sofrito.
Ají dulce: Peperrone, pimentón, pimiento.
Ají picante: Conguito, chilcote, chile, guindilla, ñora, pimiento picante.
Ajonjolí: Sésamo.
Albaricoque: Chabacano, damasco.
Alcachofa: Alcaucil.
Alcaucil: Alcachofa.
Almeja: Concha, ostión, ostra.
Almidón de maíz: Chuño, fécula de maíz, maicena.
Almidón de mandioca: Harina de yuca.
Alubia: Caraota, faba, fréjol, fríjol, guandú, judía seca, poroto.
Alverjas: Arvejas, chícharos, guisantes.
Amarillo: Banano, cambur, plátano.
Ananá: Abacaxi, piña.
Ancua: Cancha, maíz frito, pororó, rositas de maíz.
Anchoas: Anchovas, boquerones.
Anchovas: Anchoas, boquerones.
Anday: Auyama, calabaza, sambo, zapallo.
Antojitos: Bocadillos.
Aperitivo: Botana, ingredientes, pasabocas, tapas.
Apio: Celeri.
Arasa: Guayaba.
Arvejas: Alverjas, chícharos, guisantes.
Atole: Harina de maíz disuelta en agua o leche.
Atún: Cazón, pescado grande de mar, tiburón, tuna.
Auyama: Anday, calabaza, sambo, zapallo.
Avocado: Aguacate, chuchi, palta.
Axiote: Achiote, bijol, color, onoto, pimentón.
Azúcar impalpable: Glass, pulverizada.
Bacalao: Abadejo, mojito, reyezuelo.
Bacón: Panceta, tocineta, tocino.
Banano: Amarillo, cambur, plátano.
Batata: Boniato, camote, ñame, papa dulce.
Becerra: Mamón, ternera.
Berza: Col, repollo, taioba.
Betabel: Beterraba, beterraga, remolacha.
Beterraba: Betabel, beterraga, remolacha.
Beterraga: Betabel, beterraba, remolacha.
Bijol: Achiote, axiote, azafrán, color, onoto, pimentón.
Bocadillos: Antojitos.
Bogavante: Cabrajo, langosta.
Bolillo: Pan blanco.
Bollito: Bollo, cañón, capón, corte de res, muchacho.
Bollo: Bollito, cañón, capón, corte de res, muchacho.
Boniato: Batata, camote, ñame, papa dulce.
Boquerones: Anchoas, anchovas.
Borrego: Cordero, oveja.
Botana: Aperitivo, ingredientes, pasabocas, tapas.
Brécol: Brócoli, coliflor.
Breva: Higo.
Brin: Azafrán, croco.
Brócoli: Brécol, coliflor.
Burucuyá: Pasiflora, pasionaria.
Butifarra: Chorizo, salchicha.
Cabrajo: Bogavante, langosta.
Cabrito: Chivo.
Cacahuacintle: Variedad de maíz, de mazorca grande y grano redondo y tierno.

Cacahuate: Cacahuet, cacahuete, maní.
Cacahuet: Cacahuate, cacahuete, maní.
Cacahuete: Cacahuate, cacahuet, maní.
Cacao: Chocolate, cocoa.
Cachipai: Chontaduro.
Cadera: Aguayón, tapa.
Cajeta: Dulce de leche de cabra y azúcar.
Cake: Pastel, torta.
Calabacines: Calabacitas, chauchitas, zucchini.
Calabacitas: Calabacines, chauchitas, zucchini.
Calabaza: Anday, auyama, sambo, zapallo.
Calamar: Chipirón, sepia.
Callampa: Champignon, hongo, seta.
Callos: Librillo, menudo, mondongo, panza, tripas.
Camarón: Crustáceo marino de pequeño tamaño. Gamba, quisquilla.
Cambur: Amarillo, banano, plátano.
Camote: Batata, boniato, ñame, papa dulce.
Cancha: Ancua, maíz frito, pororó, rositas de maíz.
Cangrejo: Crustáceo comestible, jaiba.
Caña: Alcohol de caña de azúcar, bebida argentina.
Cañón: Bollito, capón, corte de res, muchacho.
Capear: Rebozar.
Capón: Bollito, cañón, corte de res, muchacho.
Caraota: Alubia, faba, fréjol, fríjol, guandú, judía, poroto.
Cari: Curry.
Carne seca: Cecina, tasajo.
Carota: Azanoria, zanahoria.
Casabe o cazabe: Harina resultante de rallar la yuca o la mandioca.
Cayote: Especie de sandía.
Cazón: Atún, pescado grande de mar, tiburón, tuna.
Cebiche: Pescado marinado en limón y otros ingredientes.
Cebolla cabezona: Cebolla de huevo.
Cebolla de huevo: Cebolla cabezona.
Cebolla de verdeo: Cebollín, cebollina.
Cebolla en rama: Cebolla junca, cebolla larga.
Cebolla junca: Cebolla larga, cebolla en rama.
Cebolla larga: Cebolla junca, cebolla en rama.
Cebollín: Cebolla de verdeo, cebollina.
Cebollina: Cebolla de verdeo, cebollín.
Cecina: Carne seca, tasajo.
Celeri: Apio.
Cerdo: Cochino, chanco, chancho, puerco.
Cilantro: Condimento, coriandro, culantro.
Cocer: Hervir, cocinar.
Cocoa: Cacao, chocolate.
Cochino: Cerdo, chanco, chancho, puerco.
Cohombrillo: Cohombro, pepino.
Cohombro: Cohombrillo, pepino.
Col: Berza, repollo, taioba.
Col roja: Lombarda.
Colí: Variedad de plátano pequeño.
Coliflor: Brécol, brócoli.
Color: Achiote, axiote, azafrán, bijol, onoto, pimentón.
Comal: Gran plato de cerámica o metal para cocinar tortillas, semillas y granos.
Concha: Almeja, ostión, ostra.
Condimento: Cilantro, coriandro, culantro.
Conguito: Ají picante, chilcote, chile, guindilla, ñora, pimiento picante.
Cordero: Borrego, oveja.
Coriandro: Cilantro, condimento, culantro.
Cortezas: Cueros de cerdo, chicharrón.
Corvina: Merluza.
Costeleta: Costilla, chuleta.
Costilla: Costeleta, chuleta.
Coyocho: Nabo, papanabo.

Criadillas: Testículos de toro u otro animal.
Croco: Azafrán, brin.
Cuajada: Requesón.
Cuete: Parte del muslo de la res, algo dura.
Culantro: Cilantro, condimento, coriandro.
Curry: Cari.
Chabacano: Albaricoque, damasco.
Chala: Hoja que envuelve la mazorca de maíz, panca.
Chambarete: Morcillo.
Champignon: Callampa, hongo, seta.
Chancaca: Panela, piloncillo, raspadura.
Chanco: Cerdo, cochinillo, chancho, puerco.
Chancho: Cerdo, cochinillo, chanco, puerco.
Chaucha: Ejote, habichuela, judía verde, vainita.
Chicozapote: Fruta costeña, grande y carnosa, de pulpa amarilla y muy dulce. Zapote.
Chícharos: Alverjas, arvejas, guisantes.
Chicharrón: Cortezas, cueros de cerdo.
Chifles: Rodajas delgadas de plátano verde, fritas hasta quedar crujientes.
Chilaquiles: Tortillas.
Chilcosle: Chile oaxaqueño, también conocido como chile amarillo.
Chilcote: Ají picante, conguito, chile, guindilla, ñora, pimiento picante.
Chile: Ají picante, conguito, chilcote, guindilla, ñora, pimiento picante.
Chile amarillo: Chilcosle, chile oaxaqueño.
Chile de Oaxaca: Chilhuacle.
Chile dulce: Ají dulce, pimiento o chile morrón, no picante, pimentón.
Chile oaxaqueño: Chilcosle, chile amarillo.
Chilhuacle: Chile de Oaxaca.
Chilote: Choclo, elote, jojoto, mazorca tierna de maíz.
Chipirón: Calamar, sepia.
Chivo: Cabrito.
Choclo: Chilote, elote, jojoto, mazorca tierna de maíz.
Chocolate: Cacao, cocoa.
Chontaduro: Cachipai.
Chorizo: Butifarra, salchicha.
Choro: Mejillón, moule.
Chuchi: Aguacate, avocado, palta.
Chuleta: Costeleta, costilla.
Chumbera: Higo chumbo, nopal.
Chuño: Almidón de maíz, fécula de maíz, maicena.
Damasco: Albaricoque, chabacano.
Despojos: Achuras, menudos.
Durazno: Abridero, gabacho, melocotón, pavia.
Ejote: Chaucha, habichuela, judía verde, vainita.
Elote: Chilote, choclo, jojoto, mazorca tierna de maíz.
Empanada: Guiso o manjar cubierto con masa.
Enchiladas: Tortillas.
Faba: Alubia, caraota, fréjol, fríjol, guandú, judía, poroto.
Falda: Sobrebarriga, zapata.
Fariña: Harina de mandioca.
Fécula de maíz: Almidón de maíz, chuño, maicena.
Fideo: Pasta, tallarín.
Frango: Pollo.
Frangollo: Maíz molido.
Fréjol: Alubia, caraota, faba, fríjol, guandú, habichuela, judía seca, poroto.
Fresa: Fresón, frutilla, madroncillo, morango.
Fresón: Fresa, frutilla, madroncillo, morango.
Fríjol: Alubia, caraota, faba, fréjol, guandú, habichuela, judía seca, poroto.
Frutilla: Fresa, fresón, madroncillo, morango.
Fruto del nogal: Nuez criolla, tocte.
Gabacho: Abridero, durazno, melocotón, pavia.

Gambas: Camarones, quisquillas.

Gandules: Lentejas.

Ganso: Oca.

Garbanzo: Mulato.

Guacamole: Puré de aguacate.

Guacamote: Mandioca, raíz comestible, yuca.

Guachinango: Huachinango, pargo, sargo.

Guajalote: Pavo.

Guanábana: Fruta parecida a la chirimoya, pero más grande.

Guandú: Alubia, caraota, faba, fréjol, fríjol, judía, poroto.

Guascas: Hierbas de cocina de Cundinamarca.

Guayaba: Arasa.

Guindilla: Ají picante, conguito, chilcote, chile, ñora, pimiento picante.

Guineo: Plátano pequeño.

Guisantes: Alverjas, arvejas, chícharos.

Guiso: Ahogado, hogado, hogao, hogo, refrito, riojo, sofrito.

Haba: Faba.

Habichuelas: Chaucha, ejote, judía verde, vainita.

Harina de mandioca: Fariña.

Harina de yuca: Almidón de mandioca.

Hervir: Cocer, cocinar.

Hierbabuena: Menta.

Higo: Breva.

Higo chumbo: Chumbera, nopal.

Hogado: Ahogado, guiso, hogao, hogo, refrito, riojo, sofrito.

Hogao: Ahogado, guiso, hogado, hogo, refrito, riojo, sofrito.

Hogo: Ahogado, guiso, hogado, hogao, hogo, riojo, sofrito.

Hojas de achira: Hojas anchas para envolver tamales.

Hojas de maíz: Chalas, pancas.

Hongo: Callampa, champignon, seta.

Huacal: Caparacho de un ave.

Huachinango: Guachinango, pargo, sargo.

Huitlacoche: Hongo negro que nace en la mazorca de maíz.

Humitas: Tamales de choclo (maíz tierno).

Ingredientes: Aperitivo, botana, pasabocas, tapas.

Jaiba: Cangrejo, crustáceo comestible.

Jitomate: Tomate.

Jojoto: Chilote, choclo, elote, mazorca tierna de maíz.

Jora: Maíz germinado para fermentar.

Judías: Alubia, caraota, faba, fréjol, fríjol, guandú, poroto.

Judías verdes: Chaucha, ejote, habichuela, vainita.

Langosta: Bogavante, cabrajo.

Lechón: Cochinillo, lechonceta.

Lechonceta: Cochinillo, lechón.

Lechosa: Mamón, papaya.

Lentejas: Gandules.

Librillo: Callos, menudos, mondongo, panza, tripas.

Lima: Cítrico, perfumado y dulce.

Lisa: Mújol.

Lombarda: Col roja.

Lomito: Lomo fino, solomo, solomito.

Lomo fino: Lomito, solomo, solomito.

Lomo: Solomillo.

Lulo: Fruto ácido, de pulpa cristalina y verdosa. Naranjilla.

Madroncillo: Fresa, fresón, frutilla, morango.

Maicena: Almidón de maíz, chuño, fécula de maíz.

Maíz frito: Ancua, cancha, pororó, rositas de maíz.

Maíz germinado para fermentar: Jora.

Maíz molido: Frangollo.

Maíz tierno: Chilote, choclo, elote, jojoto, mazorca.

Mamón: Becerra, ternera.

Mandarina: Tanjarina.

Mandioca: Guacamote, yuca.

Maní: Cacahuate, cacahuet, cacahuete.

Manos: Patas de res o cerdo, patitas.

Manteca de la leche: Mantequilla.

Mantequilla: Manteca de la leche.

Mazorca tierna de maíz: Chilote, choclo, elote, jojoto.

Mejillón: Choro, moule.

Melado: Melao, miel de panela.

Melao: Melado, Miel de panela.

Melocotón: Abridero, durazno, gabacho, pavia.

Menta: Hierbabuena.

Menudo: Callos, librillo, mondongo, panza, tripas.

Merluza: Corvina.

Mezcal: Poderoso aguardiente destilado de una variedad de maguey.

Miel de panela: Melado, melao.

Mixiote: Hojas del maguey, usada para envolver alimentos y cocinarlos al vapor.

Mojito: Abadejo, bacalao, reyezuelo.

Molcajete: Mortero de piedra.

Mondongo: Callos, librillo, menudo, panza, tripas.

Morango: Fresa, fresón, frutilla, madroncillo.

Morcilla: Moronga.

Morcillo: Chambarete.

Moronga: Morcilla.

Mortero de piedra: Molcajete.

Moule: Choro, mejillón.

Muchacho: Bollito, bollo, cañón, capón, corte de res.

Mújol: Lisa.

Mulato: Garbanzo.

Nabo: Coyocho, papanabo.

Naranjilla: Fruto ácido, de pulpa cristalina y verdosa. Lulo.

Nopal: Chumbera, higo chumbo.

Nuez criolla: Fruto del nogal, tocte.

Ñame: Batata, boniato, camote, papa dulce.

Ñora: Ají picante, conguito, chilcote, chile, guindilla, pimiento picante.

Oca: Ganso.

Olivas: Aceitunas.

Onces: Comida que se hace tarde por la mañana.

Onoto: Achiote, axiote, color, pimentón.

Ostión: Almeja, concha, ostra.

Oveja: Borrego, cordero.

Paila: Cazuela de bronce.

Palta: Aguacate, avocado, chuchi.

Pan blanco: Bolillo.

Pan de yuca: Casabe, maíz.

Pancas: Chalas, hojas de maíz.

Panceta: Bacón, tocineta, tocino.

Panela: Chancaca, piloncillo, raspadura.

Panza: Callos, librillo, menudo, mondongo, tripas.

Papa dulce: Batata, boniato, camote, ñame.

Papa: Patata.

Papachina: Raíz comestible (nativa del Ecuador).

Papanabo: Coyocho, nabo, raíz, tubérculo parecido al rábano blanco.

Papaya: Fruto del papayo, mamón, similar al melón.

Pargo: Guachinango, huachinango, sargo.

Pasabocas: Aperitivo, botana, ingredientes, tapas.

Pasas: Uvas secas.

Pasiflora: Burucuyá, pasionaria.

Pasionaria: Burucuyá, pasiflora.

Pasta: Fideo, tallarín.

Pastel: Cake, torta.

Patas de res o cerdo: Manos, patitas.

Patata: Papa.

Patitas: Manos, patas de res o cerdo.

Pavia: Abridero, durazno, gabacho, melocotón.

Pavo: Guajalote.

Peperrone: Ají dulce, pimentón, pimiento.

Pepino: Cohombrillo, cohombro.

Piloncillo: Chancaca, panela, raspadura.

Pimentón: Achiote, axiote, bijol, color, onoto.

Pimentón: Ají dulce, peperrone, pimiento.

Piña: Abacaxi, ananá.

Pipián: Salsa hecha a partir de semillas de calabaza.

Pisco: Aguardiente de uva.

Plátano: Amarillo, banano, cambur, colí, guineo.

Pollo: Frango.

Pomelo: Toronja.

Poro: Puerro.

Pororó: Ancua, cancha, maíz frito, rositas de maíz.

Poroto: Alubia, faba, fréjol, fríjol, judía seca.

Puerco: Cerdo, cochinillo, chanco, chancho.

Puerro: Poro.

Pulque: Bebida popular ligeramente alcohólica, obtenida de la fermentación del aguamiel, o sea el jugo del maguey.

Quimbombó: Ocra, quingombó.

Quisquillas: Camarones, gambas.

Raspadura: Chancaca, panela, piloncillo.

Rebozar: Capear.

Refrito: Ahogado, guiso, hogado, hogao, hogo, riojo, sofrito.

Remolacha: Betabel, beterraba, beterraga.

Repollo: Berza, col, taioba.

Requesón: Cuajada.

Reyezuelo: Abadejo, bacalao, mojito.

Riojo: Ahogado, guiso, hogado, hogao, hogo, refrito, sofrito.

Rompope: Nutritiva bebida preparada con yemas, azúcar y leche, con algún vino generoso.

Sábalo: Pez típico de las aguas de Campeche.

Salchicha: Butifarra, chorizo.

Sambo: Anday, auyama, calabaza, zapallo.

Sargo: Guachinango, huachinango, pargo.

Sémola: Trigo quebrado muy fino. En América se hace también de maíz.

Sepia: Calamar, chipirón.

Sésamo: Ajonjolí.

Sobrebarriga: Falda, zapata.

Sofrito: Ahogado, guiso, hogado, hogao, hogo, riojo, refrito.

Soja: Soya.

Solomillo: Lomo.

Solomito: Lomito, lomo fino, solomo.

Solomo: Lomito, lomo fino, solomito.

Soya: Soja.

Taco: Tortillas.

Taioba: Berza, col, repollo.

Tallarín: Fideo, pasta.

Tamales de choclo (maíz tierno): Humitas.

Tanjarina: Mandarina.

Tapa: Aguayón, cadera.

Tapas: Aperitivo, botana, ingredientes, pasabocas.

Tasajo: Carne seca, cecina.

Telas: Arepas de maíz muy delgadas y blandas.

Ternera: Becerra, mamón.

Tiburón: Atún, cazón, pescado grande de mar, tuna.

Tocineta: Bacón, panceta, tocino.

Tocte: Fruto del nogal, nuez criolla.

Tomate: Jitomate.

Toronja: Pomelo.

Torta: Cake, pastel.

Tripas: Callos, librillo, menudo, mondongo, panza.

Tuna: Atún, cazón, pescado grande de mar, tiburón.

Tusa: Corazón no comestible de la mazorca usada para encender fuego o como abrasivo doméstico.

Uvas secas: Pasas.

Vainitas: Chaucha, ejote, habichuela, judía verde.

Yautía: Tubérculo consumido sobre todo en la zona de las Antillas.

Yuca: Guacamote, mandioca.

Zanahoria: Azanoria, carota.

Zapallo: Anday, auyama, calabaza, sambo.

Zapata: Falda, sobrebarriga.

Zapote: Fruta costeña, grande y carnosa, de pulpa amarilla y muy dulce. Chicozapote.

Zucchini: Calabacines, calabacitas, chauchitas.

— Indice de recetas —